CONTENTS

Leitfaden für Lotterie-Astrologen:

Ein Sieg für alle Stars

Einführen:

Willkommen beim Lottery Astrologer's Guide, wo die Kraft der Astrologie auf den Nervenkitzel eines Lottogewinns trifft.

Auf dieser faszinierenden und transformativen Reise tauchen wir in die alte Weisheit des Hermesianismus ein und verfolgen ihre Ursprünge bis zur mysteriösen Smaragdtafel des Hermes Trismegistos zurück. In diesem mysteriösen Bereich hat der Ausdruck "wie oben, wie folgt" eine tiefe Bedeutung.

Mit diesem Leitfaden als Kompass beginnen Sie eine Schritt-für-Schritt-Erkundung, wie die Astrologie die Geheimnisse der Vorhersage von Lottogewinnzahlen enthüllt.

In diesem Buch geht es nicht nur darum, ein Glücksspiel zu gewinnen; Es geht darum, die unendlichen Möglichkeiten in dir zu umarmen. Es ist eine Einladung, deine einzigartigen Gaben zu erforschen und sie mit den kosmischen Kräften in Einklang zu bringen, die unsere Welt formen.

Was auch immer Ihre astrologische Erfahrung oder frühere astrologische Erfahrung ist, dieser Leitfaden empfängt Sie mit offenen Armen.

Es zielt darauf ab, Menschen aus allen Lebensbereichen zu befähigen und zu inspirieren und ihnen die Werkzeuge und das Wissen an die Hand zu geben, um ihr verborgenes Potenzial zu entfesseln und sich in allen Aspekten ihres Lebens zu bereichern.

Beim Umblättern entdecken Sie, wie sich der komplexe Tanz von Sternen und Planeten auf unser tägliches Leben auswirkt und vor allem, wie Sie diese himmlische Energie zu Ihrem Vorteil nutzen können.

Es ist nicht nur eine Sammlung allgemeiner Vorhersagen oder Glückszahlen; Es ist ein ganzheitlicher Ansatz, um die tiefgreifenden Wechselwirkungen zwischen kosmischer Energie und unserem Schicksal zu verstehen.

Machen Sie sich also bereit für eine Reise, die Ihr Leben verändern wird.

Nehmen Sie die Kraft der Astrologie und die Weisheit der Zeit an.

Lassen Sie den Führer des Lotterie-Astrologen Ihr treuer Begleiter sein, entdecken Sie die Geheimnisse der Sterne, ebnen Sie den Weg zum Lottogewinn, gewinnen Sie nicht nur im Lotto, sondern leben Sie ein erfüllteres und reicheres Leben.

Es ist an der Zeit, Ihren inneren Lotterie-Astrologen zu befreien und Ihr eigenes Schicksal zu gestalten. Willkommen zu Ihrem außergewöhnlichen Abenteuer.

KAPITEL 1: PERSPEKTIVEN DER ASTROLOGIE:

I. Entdecken Sie die Geheimnisse des Universums hinter Lotterievorhersagen.

Es ist eine interessante Welt der Astrologie, in der die Himmelskörper und ihre Bewegungen ein tiefes Verständnis für die Geheimnisse des Lebens haben.

Es ist zwar nicht garantiert, dass die Astrologie Zahlen gewinnt, aber sie kann einen Rahmen für das Verständnis der kosmischen Energien bieten, die Glück und Glück beeinflussen.

Astrologie ist eine uralte Praxis, die die Position und Bewegung von Himmelskörpern studiert und dabei das Prinzip "wie oben, wie folgt" anwendet.

Dies deutet darauf hin, dass Muster, die am Himmel beobachtet werden, Muster und Ereignisse widerspiegeln, die auf der Erde auftreten.
Durch die Analyse dieser himmlischen Ausrichtungen können Astrologen ein tieferes Verständnis aller Aspekte der menschlichen Existenz erlangen, einschließlich der Bereiche des Glücks und des Zufalls.

Wenn es um Lotterievorhersagen geht, bietet die Astrologie eine einzigartige Perspektive, wenn man die kosmischen Auswirkungen zum Zeitpunkt der Ziehung berücksichtigt.

Das Schlüsselprinzip hinter diesem Ansatz ist die Überzeugung, dass planetare Positionen und Wechselwirkungen unser Leben beeinflussen und die energetische Umgebung, in der wir leben, formen können.

Um die kosmischen Geheimnisse hinter den Lotterievorhersagen zu verstehen, müssen wir zunächst das Konzept der Sternbilder und Häuser erforschen.
Jede Konstellation repräsentiert einen bestimmten Energie-Archetyp, während Häuser verschiedene Lebensbereiche repräsentieren, in denen sich diese Energien manifestieren.

Durch die Analyse von Horoskopen und Familien, die mit Glück und Überfluss in Verbindung gebracht werden, können Astrologen das Potenzial für lotteriefreundliche Ergebnisse besser verstehen.

Die Planeten spielen auch in der Lotterieastrologie eine wichtige Rolle.
Jeder Planet hat seine eigene Energie und Symbolik, die unsere Erfahrungen und Ergebnisse beeinflussen kann.
Jupiter zum Beispiel, bekannt als der Planet der Expansion und des Glücks, wird oft mit günstigen Lotterieergebnissen in Verbindung gebracht.
Ihre Position im Geburtshoroskop oder zum Zeitpunkt der Ziehung kann wertvolle Informationen über Glück und mögliche Gewinnchancen liefern.

Darüber hinaus verbessern Aspekte der Planetenentstehung unser Verständnis von Lotterievorhersagen.
Diese Aspekte stellen geometrische Winkel zwischen den Planeten dar, die darauf hinweisen, wie ihre Energien interagieren und sich gegenseitig beeinflussen.

Positive Aspekte, wie die dritten und sechziger Jahre, deuten auf eine harmonische Energie hin und können auf ein günstiges Umfeld für den Erfolg der Lotterie hinweisen.
Das Wetter ist auch ein Schlüsselfaktor bei astrologischen Lotterievorhersagen.
Durch die Untersuchung von Planetentransiten, den Bewegungen von Planeten in Bezug auf das Geburtshoroskop eines Individuums, können Astrologen Perioden bestimmen, in denen kosmische Energie Glück und wirtschaftlichen Gewinn fördert.

Diese Versandfristen können als potenzielles Zeitfenster für die Teilnahme an der Lotterie dienen.

Während die Astrologie eine einzigartige Linse bietet, durch die Sie den Einfluss des Universums auf die Lotterieergebnisse beobachten können, ist es wichtig, sie aus einer ausgewogenen Perspektive zu betrachten.

Lotteriespiele sind von Natur aus zufällig und kein astrologisches Wissen kann genaue Gewinnzahlen garantieren.

Die Astrologie kann jedoch einen Einblick in die Auswirkungen von Energie auf die Arbeit geben und eine Anleitung für eine fundierte Entscheidungsfindung bieten.

Kurz gesagt, wir enthüllen die Geheimnisse des Universums hinter Lotterievorhersagen durch die Linse der Astrologie.

Indem wir etwas über Sternbilder, Häuser, Planeten, Aspekte und Zeit lernen, können wir ein tieferes Verständnis der energetischen Kräfte erlangen, die unsere Erfahrungen von Glück und Glück prägen.

Die Astrologie ist zwar keine Garantie für den Erfolg einer Lotterie, kann aber wertvolle Informationen und einen Rahmen für fundierte Entscheidungen liefern.

Erforschen Sie die Verbindung zwischen Himmelskörpern und potenziellem Glück:

Willkommen in der faszinierenden Welt der Astrologie, in der die Bewegung und Position von Himmelskörpern unser Leben beeinflussen und unser Schicksal prägen soll.

Wir werden uns mit der interessanten Verbindung zwischen Himmelskörpern und potenziellem Glück befassen und wertvolle Einblicke geben, wie Sie die Astrologie nutzen können, um Ihr Verständnis der Lotterie zu verbessern.

Die Astrologie basiert auf dem Grundprinzip, dass es eine tiefgreifende Wechselwirkung zwischen der makroskopischen Welt (dem Universum) und dem Mikrokosmos (der menschlichen Existenz) gibt.

Der Glaube "wie oben, wie folgt" deutet darauf hin, dass die Muster und Energien, die am Himmel beobachtet werden, sich in den Mustern und Energien unseres täglichen Lebens widerspiegeln.
Durch die Untersuchung von Himmelskörpern und ihren Wechselwirkungen versuchen Astrologen, die verborgenen Verbindungen zwischen dem Universum und unseren persönlichen Erfahrungen von Glück und Reichtum zu enträtseln.

Einer der Hauptbestandteile der Astrologie ist der Tierkreis, ein Himmel, der in zwölf gleiche Teile unterteilt ist, von denen jeder ein bestimmtes Sternbild darstellt.

Jedes Sternzeichen wird mit bestimmten Qualitäten, Eigenschaften und Energien in Verbindung gebracht, die jeden Aspekt unseres Lebens beeinflussen, einschließlich des Glücks.

Zum Beispiel Feuerzeichen
(Widder, Löwe, Schütze) wird oft mit Kühnheit, Begeisterung und Glück in Verbindung gebracht, während Erdzeichen (Stier, Jungfrau, Steinbock) mit

Praktikabilität, Stabilität und finanziellem Überfluss in Verbindung gebracht werden.

Neben den Tierkreiszeichen analysieren Astrologen die Lotterie oder die Positionen und Aspekte der Planeten bei der Geburt eines Menschen, um Informationen über ein mögliches Glück zu erhalten.

Es wird angenommen, dass jeder Planet seine eigene Energie und Symbolik hat, die unsere Erfahrung beeinflussen kann.
Jupiter zum Beispiel, der als expandierender und reichlich vorhandener Planet bekannt ist, wird oft mit Glück und günstigen Ergebnissen in Verbindung gebracht.

Es wird auf ein bestimmtes Horoskop oder Himmelsereignis gesetzt und kann wertvolle Hinweise auf potenzielles Glück in der Lotterie geben.

Das Studium der Astrologie umfasst auch das Konzept des Transits, das sich auf die Bewegung der Planeten in Bezug auf das Geburtshoroskop eines Individuums oder aktuelle Himmelsereignisse bezieht.

Öffentliche Verkehrsmittel werden genutzt, um laufende Auswirkungen und Energieveränderungen zu überwachen, die sich auf unser Leben auswirken können.

Durch die Analyse von Transiten von Hauptplaneten wie Jupiter oder Venus können Astrologen Perioden identifizieren, in denen Glück und Glück häufiger auftreten können, und die Menschen dazu anleiten, während dieser günstigen kosmischen Ausrichtungen fundierte Entscheidungen über die Teilnahme an der Lotterie zu treffen.

Darüber hinaus untersucht die Astrologie die Beziehung zwischen den Planeten durch verschiedene Aspekte, d. h. die geometrischen Winkel, die zwischen ihnen gebildet werden.

Diese Aspekte können harmonisch oder schwierig sein, was auf die Leichtigkeit oder Spannung des Energieaustauschs zwischen den Planeten hinweist.

Günstige Aspekte, wie z. B. dritte und sechzig, können auf den Fluss positiver Energie hinweisen und die Wahrscheinlichkeit erhöhen, günstige Ergebnisse in Bereichen zu erzielen, die mit Glück und Fülle zu tun haben.

Es ist wichtig zu beachten, dass Astrologie keine garantierte Methode ist, um das Ergebnis der Lotterie genau vorherzusagen.

Lotteriespiele sind so konzipiert, dass sie zufällig sind, und es gibt keine astrologische Technik, die eine klare Gewinnzahl liefern kann.

Die Astrologie kann jedoch wertvolle Informationen liefern und ein tieferes Verständnis der kosmischen Einflüsse vermitteln, die Glück und potenziell günstige Ergebnisse umgeben.

Abschließend untersuchen wir den Zusammenhang zwischen Himmelskörpern und potenziellem Glück im Kontext der Astrologie.

Durch das Studium von Horoskopen, Planetenpositionen, Aspekten und Transit bietet die Astrologie einen Rahmen, um die energetischen Wirkungen zu verstehen, die unsere Erfahrung von Glück und Reichtum beeinflussen können.

Astrologie ist zwar keine Garantie für den Erfolg einer Lotterie, kann aber als wertvolles Werkzeug dienen, um unser Verständnis zu verbessern und fundierte Entscheidungen zu treffen.

KAPITEL 2: ENTDECKEN SIE DIE STERNZEICHEN UND HÄUSER, DIE DEN AUSGANG DER LOTTERIE BEEINFLUSSEN KÖNNEN.

Zodiac Symbols and Their Meanings

Sign	Glyph	Symbol	Keywords
Aries			Fierce, forceful, courageous, impulsive
Taurus			Sensuous, peaceful, stable, obstinate
Gemini			Mental, communicative, perceptive, superficial
Cancer			Nurturing, emotional, intuitive, empathetic, moody
Leo			Kingly, expressive, self-confident, ego-centered
Virgo			Chaste, detail oriented, serving, perfectionistic
Libra			Balance, harmony, reconciling, indecisive
Scorpio			Intense, instinctual, sexual, secretive
Sagittarius			Friendly, open-minded, philosophical, imprudent
Capricorn			Practical, ambitious, masterful
Aquarius			Revolutionary, intensive, abstract, intelligent, unpredictable
Pisces			Selfless, mystical, compassionate, imaginative, sensitive

Tipps und Vorhersagen für den Start der Lotterie Sternbild:

1.   Sternzeichen sind in 12 Kategorien unterteilt,

von denen jede ein anderes Persönlichkeitsmerkmal und eine andere Eigenschaft darstellt. Einige Astrologen glauben, dass einige Sternzeichen unter bestimmten Umständen mehr Glück haben können als andere, einschließlich spekulativer Aktivitäten wie Glücksspiel oder Lotterien. Hier ist eine Zusammenfassung des Logos und der zugehörigen Elemente:

• Feuerzeichen (Widder, Löwe, Schütze): Feuerzeichen werden oft mit Enthusiasmus, Selbstvertrauen und Risikobereitschaft in Verbindung gebracht, von denen einige glauben, dass sie eine günstige Eigenschaft für den Lotterieerfolg sein können.

• Erdzeichen (Stier, Jungfrau, Steinbock): Das Erdzeichen wird oft als geerdet, praktisch und fokussiert angesehen. Sie können die Lotterie mit einer methodischen und diskreten Mentalität angehen und praktische Strategien hervorheben.

• Luftzeichen (Zwillinge, Waage, Wassermann): Luftzeichen werden oft mit Intelligenz, Anpassungsfähigkeit und sozialer Interaktion in Verbindung gebracht. Sie können ihre analytischen Fähigkeiten nutzen, um Lotteriemodelle zu studieren oder Gruppenspiele mit anderen zu spielen.

• Wasserzeichen (Krebs, Skorpion, Fische): Wasserzeichen sind oft für ihre Intuition, Sensibilität und emotionale Tiefe bekannt. Sie können sich bei der Auswahl der Lottozahlen auf ihre Gefühle oder Intuitionen verlassen.

Haus:

2.   Der Palast der Astrologie repräsentiert verschiedene Lebensbereiche und kann mit verschiedenen Themen in Verbindung gebracht werden. Einige Astrologen analysieren möglicherweise bestimmte Häuser, um das Potenzial für finanziellen Gewinn oder Glück zu erkunden. Während die Interpretation variieren kann, sind hier einige Häuser, die manchmal mit Lotterievorhersagen in Verbindung gebracht werden:

•   2. Haus: Das zweite Haus wird in der Regel mit persönlichen Finanzen, materiellen Besitztümern und Werten in Verbindung gebracht. Einige Astrologen können die Position der Planeten in diesem Haus analysieren, um mögliche finanzielle Gewinne, einschließlich Lotteriepreise, zu bewerten.

•   5. Haus: Das 5. Haus wird traditionell mit Kreativität, Selbstdarstellung und Spekulation in Verbindung gebracht. Einige Astrologen mögen dieses Haus in Betracht ziehen, wenn sie sich mit Dingen befassen, die mit Glücksspielen, Lotterien und Glücksspielen zu tun haben.

Die Konstellationen und ihre Charakteristika:

Jedes Sternzeichen hat einzigartige Merkmale, die eine Vorstellung von den Lotterieergebnissen vermitteln können.
Das Verständnis dieser Zeichen ist wichtig, um ihre Auswirkungen auf Glück und Reichtum aufzudecken.

Widder (21. März - 19. April):

Der Widder ist ein Feuerzeichen, das von Mars regiert wird und Vitalität, Leidenschaft und Wettbewerbsfähigkeit ausstrahlt.

Menschen, die unter diesem Sternzeichen geboren sind, haben oft einen starken Wunsch nach Erfolg, der ihr Glück im Lotto steigern kann.

Sie gedeihen in Situationen, in denen Risikobereitschaft und schnelle Entscheidungen erforderlich sind.

Stier (20. April – 20. Mai):

Der Stier, das von Venus regierte Erdzeichen, steht für Stabilität und Zweckmäßigkeit.

Menschen, die in diesem Sternzeichen geboren sind, neigen dazu, sich der Lotterie mit einer vorsichtigen und methodischen Mentalität zu nähern.

Sie können Zahlen wählen, die mit materiellem Überfluss verbunden sind, oder sie können sich auf ihre angeborene Intuition verlassen.

Zwillinge (21. Mai bis 20. Juni):

Zwillinge, das von Merkur regierte Luftzeichen, verkörpert Vielseitigkeit, Anpassungsfähigkeit und intellektuelle Fähigkeiten. Menschen, die von dieser Flagge betroffen sind, können analytische Strategien und mathematische Berechnungen verwenden, um ihre Lottozahlen zu wählen. Darüber hinaus kann die Vorliebe der Zwillinge für Kommunikation und Networking durch Gruppenspiele oder Seifenblasen zum Lotterieerfolg führen.

Krebs (21. Juni - 22. Juli):

Krebs, das vom Mond regierte Wasserzeichen, steht für emotionale Tiefe, Intuition und Zuneigung.

Die Vorhersagen der Krebslotterie können in Ihrer intuitiven Vision und Ihrer Sensibilität für Energie tief verwurzelt sein.

Diese Menschen können sich auf Traumdeutungen, Tarotkarten oder andere Wahrsagewerkzeuge verlassen, um die Wahl der Zahlen zu leiten.

Löwe (23. Juli - 22. August):

Der Löwe ist ein Feuerzeichen, das von der Sonne regiert wird und Selbstvertrauen, Kreativität und Führungsqualitäten ausstrahlt.

Lotterievorhersagen für Löwe beinhalten normalerweise, seinen Instinkten zu vertrauen und seine charismatische Natur anzunehmen.

Sie können auch Zahlen bevorzugen, die mit Größe, Erfolg und Selbstdarstellung in Verbindung gebracht werden.

Jungfrau (23. August - 22. September):

Jungfrau, das von Merkur regierte Erdzeichen, ist ein Synonym für Praktikabilität, Präzision und Analyse.

Die Jungfrau nähert sich der Lotterie mit Akribie und Liebe zum Detail.

Sie können statistische Analysen, historische Daten oder Modelle nutzen, um ihre Erfolgschancen zu erhöhen.

Waage (23. September bis 22. Oktober):

Die Waage ist ein Zeichen, das von Venus regiert wird und verkörpert Harmonie, Gleichgewicht und Diplomatie.

Diejenigen, die von der Waage betroffen sind, können

nach Zahlenkombinationen suchen, die Symmetrie oder Gleichgewicht widerspiegeln. Sie können auch von Partnerschafts- oder Gruppenspielen profitieren, da ihr kollaborativer Charakter ihre Gewinnchancen erhöhen kann.

Skorpion (23. Oktober - 21. November):

Skorpion, das von Pluto regierte Wasserzeichen, steht für Stärke, Intuition und Transformation. Diejenigen, die unter diesem Sternzeichen geboren sind, können ihre intuitive Kraft nutzen und in esoterische Praktiken eintauchen, um Lotterieergebnisse vorherzusagen.
Sie können auch Zahlen fördern, die mit Geheimnissen, verborgenem Wissen und persönlichen Transformationen verbunden sind.

Schütze (22. November - 21. Dezember):

Schütze ist ein von Jupiter regiertes Feuerzeichen, das Abenteuer, Optimismus und Erkundung verkörpert. Schützen können sich auf ihre allgemeine Denkweise und philosophische Intuition verlassen, um sich Lotterievorhersagen zu nähern.
Vielleicht schätzen sie auch Zahlen, die mit Reisen, Bildung oder geistigem Wachstum zu tun haben.

Steinbock (22. Dezember – 19. Januar):

Steinbock, das von Saturn regierte Erdzeichen, steht für Ehrgeiz, Disziplin und Struktur. Menschen, die vom Steinbock beeinflusst werden, neigen dazu, die Lotterie mit strategischem Denken anzugehen. Sie können sich bei der Auswahl ihrer Zahlen auf Bequemlichkeit,

Analyse und langfristige Planung verlassen. Steinböcke können auch Zahlen wählen, die sich auf materiellen Erfolg und Stabilität beziehen.

Wassermann (20. Januar bis 18. Februar):

Wassermann ist das von Uranus regierte Zeichen und verkörpert Innovation, Unabhängigkeit und intellektuelle Aktivität.
Lotterievorhersagen für Wassermann beinhalten oft das Denken über den Tellerrand und die Anwendung unkonventioneller Strategien.
Sie können Zahlen auswählen, die sich auf technologische Fortschritte oder soziale Trends beziehen.
Der Wassermann kann auch mit einzigartigen Kombinationen von Werten oder zufälligen Auswahlmethoden experimentieren.

Fische (19. Februar – 20. März):

Fische ist das Wasserzeichen, das von Neptun regiert wird, was Mitgefühl, Phantasie und spirituelle Verbindung bedeutet.
Menschen, die in diesem Sternzeichen geboren sind, können sich auf ihre intuitive Intuition und Verbindung mit dem Unterbewusstsein verlassen, um Lotterieergebnisse vorherzusagen.
Sie können Zahlen wählen, die mit Träumen, Intuitionen oder spirituellen Symbolen verbunden sind.

Der Palast der Astrologie und seine Einflüsse:

Die 12 Häuser der Astrologie spielen eine wichtige Rolle beim Verständnis aller Aspekte unseres Lebens und der verschiedenen Bereiche, die sie verwalten.

Jedes Haus repräsentiert einen bestimmten Existenzbereich und hat eine einzigartige Bedeutung und einen einzigartigen Einfluss.

In diesem Kapitel werden wir die Bedeutung jedes der 12 astrologischen Paläste, ihre symbolischen Darstellungen und den Bereich des Lebens, den sie regieren, untersuchen.

1.   1. Haus - Haus von sich selbst:

Das erste Haus repräsentiert das Selbst, das Fleisch und

die Art und Weise, wie wir uns der Welt präsentieren. Sie bestimmt unsere Persönlichkeit, unser Aussehen und unseren Lebensstil im Allgemeinen. Das Haus spricht auch über unser Identitätsgefühl, unser Selbstbild und darüber, wie wir uns in verschiedenen Situationen behaupten.

2.   2. Haus - Hausbesitz:

Das zweite Haus wird mit materiellem Reichtum, Finanzen und persönlichem Wert in Verbindung gebracht. Sie steuert unsere Ertragskraft, unsere finanzielle Stabilität und die Art und Weise, wie wir mit unseren Ressourcen umgehen.
Dieses Haus repräsentiert auch unser Selbstwertgefühl, unsere Werte und das, was wir im Leben schätzen.

3.   3. Haus - Haus der Kommunikation:

Das dritte Haus ist für Kommunikation, Intelligenz und Lernen zuständig. Es geht um unsere Fähigkeit, uns auszudrücken, um die Art und Weise, wie wir kommunizieren, und um unsere Beziehungen zu unseren Brüdern und Schwestern, Nachbarn und lokalen Gemeinschaften. Das Haus repräsentiert auch unsere Neugier, geistige Beweglichkeit und Schreib- und Sprechfähigkeiten.

4.   Viertes Haus - Familie und Einfamilienhaus:

Das 4. Haus repräsentiert unser Zuhause, unsere Familie und unsere Wurzeln. Sie bestimmt unser Sicherheitsgefühl, unsere emotionalen Grundlagen und unsere Verbindung zu unserer Ahnenlinie. Heimat ist auch unser Privatleben, unser Familienunternehmen und die ernährungsphysiologischen Qualitäten, die wir verkörpern.

5.   Haus 5 - Haus der Kreativität und Romantik:
Das fünfte Haus wird mit Selbstentfaltung, Kreativität, Romantik und Spaß in Verbindung gebracht. Meistern Sie unsere künstlerischen Talente, Hobbys und Aktivitäten, die uns Freude bereiten. Das Zuhause repräsentiert auch unsere romantischen Beziehungen, unsere Liebe und wie wir nach Anerkennung und Anerkennung suchen.

6.   Haus 6 - Haus der Gesundheit und Dienstleistungen:
Das sechste Haus wird mit Gesundheit, Arbeit und Dienst am Nächsten in Verbindung gebracht. Sie bestimmt unser tägliches Leben, unsere Arbeitsmoral und die Art und Weise, wie wir unsere körperliche und geistige Gesundheit erhalten. Das Haus steht auch für unsere Einstellung zu Service, Organisation und unsere Fähigkeit, praktische Aufgaben zu bewältigen.

7.   7. Haus - Haus des Vereins:
Haus 7 vertritt persönliche und berufliche Vereinigungen. Sie regelt unsere persönlichen Beziehungen, Ehen und Geschäftspartnerschaften. In diesem Haus geht es auch um unsere Fähigkeit, zusammenzuarbeiten, Kompromisse einzugehen und Harmonie in unseren Beziehungen zu suchen.

8.   Haus 8 - Haus der Transformation:
Das 8. Haus wird mit Transformation, Ressourcenteilung und tiefer Verbundenheit in Verbindung gebracht. Es regelt unsere Privatsphäre, unsere gemeinsamen Finanzen und die Geheimnisse von Leben und Tod. Es repräsentiert auch unsere Fähigkeit, persönliche Transformationen zu bewirken, und unsere Einstellung zu gemeinsamen Ressourcen und Machtdynamiken.

9.	Haus 9 - Haus der Expansion und Hochschulbildung:

Das neunte Haus steht für Hochschulbildung, Reisen, Philosophie und Spiritualität. Sie bestimmt unser Streben nach Wissen, Glauben und unsere Suche nach Sinn und Zweck im Leben. Heimat wird auch mit unserem Sinn für Abenteuer, kulturelle Erkundung und die Verbindung mit höheren Wahrheiten und spirituellen Bestrebungen in Verbindung gebracht.

10.	Haus 10 - Haus der Besetzung und des öffentlichen Images:

Das 10. Haus ist mit unserem Beruf, unserem sozialen Status und unserem Image in der Öffentlichkeit verbunden. Sie bestimmt unsere Ambitionen, unsere Leistungen und unser Ansehen in der Öffentlichkeit. Dieses Haus repräsentiert auch unsere Karriereziele, Autoritätspersonen und unseren Beitrag zur Gesellschaft.

11.	Haus 11 - Haus der Freundschaft und Gemeinschaft:

Das 11. Haus steht für Freundschaft, soziale Gruppen und unsere Teilhabe an der Gemeinschaft. Sie dominiert unser Freundesnetzwerk, unser soziales Umfeld und unseren Wunsch nach Gemeinschaft. Dieses Haus ist auch unser Engagement für humanitäre Zwecke, unsere Fähigkeit, mit anderen zusammenzuarbeiten, unsere Hoffnungen und Träume für die Zukunft.

12.	Zwölftes Haus - Haus der Spiritualität und der inneren Welt:

Das zwölfte Haus befasst sich mit den spirituellen, unbewussten und verborgenen Aspekten unseres

Geistes. Sie bestimmt unsere Verbindung mit dem Göttlichen, unsere Träume und den Prozess der Selbstüberwindung. Heimat steht auch für Einsamkeit, Introspektion und unsere Fähigkeit, das universelle Bewusstsein zu erforschen.

KAPITEL 3: PLANETENMODELLE:

Überprüfen Sie die Planetenausrichtung und ihre

Auswirkungen auf die Lotterieergebnisse:

Lassen Sie uns nun in den Bereich der Planetenmodelle und ihre tiefgreifenden Auswirkungen auf die Lotterieergebnisse eintauchen.

Denken Sie an das alte hermetische Prinzip "wie oben, wie unten", wenn wir die Verbindung zwischen Himmel und Lotterie erforschen.

1. Planetarischer Tanz:

Ein Planetenmodell bezieht sich auf die einzigartige Konfiguration von Planetenformationen zu einem bestimmten Zeitpunkt.
Diese Muster haben einen erheblichen Einfluss auf die Energie und Dynamik des Universums, was sich wiederum auf unser Leben auswirkt, einschließlich der Lotterieergebnisse.
Lassen Sie uns in einige wichtige Planetenmodelle und ihre möglichen Auswirkungen auf die Lotterieergebnisse eintauchen.

1.   Verbinden:

Eine Konjunktion tritt auf, wenn zwei Planeten in derselben Konstellation oder demselben Grad des Tierkreises ausgerichtet sind.

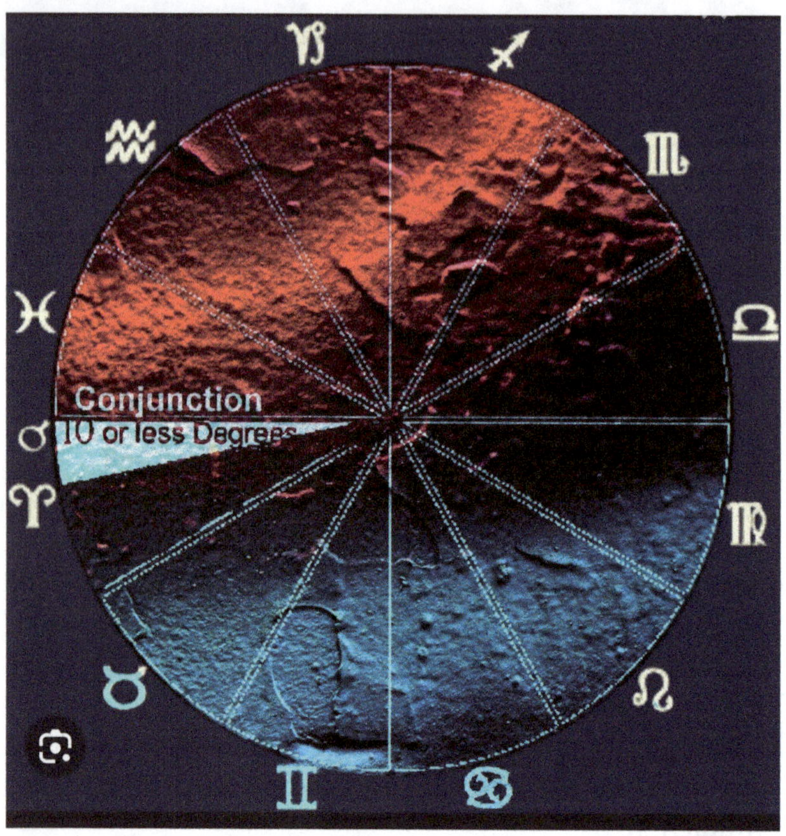

Diese Ausrichtung erzeugt eine kraftvolle Energie, die sich auf verschiedene Weise manifestieren kann, einschließlich der Beeinflussung von Lotterieergebnissen.

Die Konjunktion von nützlichen Planeten wie Jupiter und Venus könnte mehr Glück und Potenzial bedeuten, Geld zu verdienen.

Auf der anderen Seite können Konjunktionen, an denen böswillige Planeten wie Saturn oder Mars beteiligt sind, auf Herausforderungen oder Verzögerungen beim Erreichen des Lotterieerfolgs hinweisen.

2. Trigoni:

Versuche treten auf, wenn die Planeten etwa 120 Grad voneinander entfernt sind und einen harmonischen Winkel bilden. Drillinge stellen eine flüssige Energie dar, die zu einfachen und positiven Ergebnissen beiträgt.

Wenn das 3. Haus mit der provisorischen Position und den Finanzen übereinstimmt, wie z. B. das 2. oder 5. Haus, können günstige Bedingungen für einen Lottogewinn angezeigt werden.

Versuche, an denen nützliche Planeten wie Jupiter oder Venus beteiligt sind, können die Wahrscheinlichkeit finanzieller Gewinne und Vermögenszusammenbrüche erhöhen.

3. Quadrat:

Wenn Planeten etwa 90 Grad voneinander entfernt sind, bilden sich Quadrate, die dynamische und schwierige Energie erzeugen.

Das Quadrat steht für die Spannungen und Hindernisse, die Anstrengungen und Anpassungen erfordern, um überwunden zu werden. Wenn Quadrate auf Häuser ausgerichtet sind, die mit Glück und Finanzen in Verbindung gebracht werden, können sie darauf hinweisen, dass Vorsicht walten und Lotterievorhersagen sorgfältig abgewogen werden müssen.

Blöcke, an denen böse Planeten wie Saturn oder Mars beteiligt sind, können Verzögerungen, Rückschläge oder mehr Wettbewerb bedeuten, um in der Lotterie erfolgreich zu sein.

4.   Opposition:

Opposition tritt auf, wenn Planeten etwa 180 Grad voneinander entfernt sind, wodurch ausgeglichene, polarisierte Energie entsteht.

Opposition ist ein Konflikt zwischen gegensätzlichen Kräften, der versöhnt werden muss. Wenn Einwände mit Glück und Finanzhaushalten übereinstimmen, können sie darauf hindeuten, dass bei Lotterieaktivitäten ein Gleichgewicht zwischen Risikobereitschaft und Vorsicht gefunden werden muss. Opposition mit nützlichen Planeten kann unerwartete Belohnungsmöglichkeiten mit sich bringen, während Opposition mit bösen Planeten Herausforderungen oder Hindernisse für den Lottogewinn darstellen kann.

II. Verwendung von Planetenmodellen bei Lotterievorhersagen:

Das Verständnis der planetaren Muster ist nur der erste Schritt. Der Schlüssel ist, dieses Wissen in Ihre Lotterievorhersagen zu integrieren.

Hier sind einige Möglichkeiten, Planetenmodelle zu verwenden, um nach genauen und detaillierten Lotterievorhersagen zu suchen:

1.   Planetarischer Transus

Ein Transit findet statt, wenn ein Planet zwischen einem Stern und seinen Beobachtern vorbeizieht.

Da Venus oder Merkur zwischen uns und der Sonne reisen, können Transite im Sonnensystem von der Erde aus beobachtet werden.

Achten Sie auf die aktuellen Transite des Planeten und darauf, wie sie mit Ihrem Horoskop oder einem Horoskop wichtiger Ereignisse interagieren, wie z. B. dem Start einer Lotterieziehung.

Ein Transit von nützlichen Planeten wie Jupiter oder Venus könnte mehr Glück und potenzielle Gewinne bedeuten, während Transite von böswilligen Planeten mehr Vorsicht oder einen strategischen Ansatz erfordern können.

2.   Berechnung der Zeit:

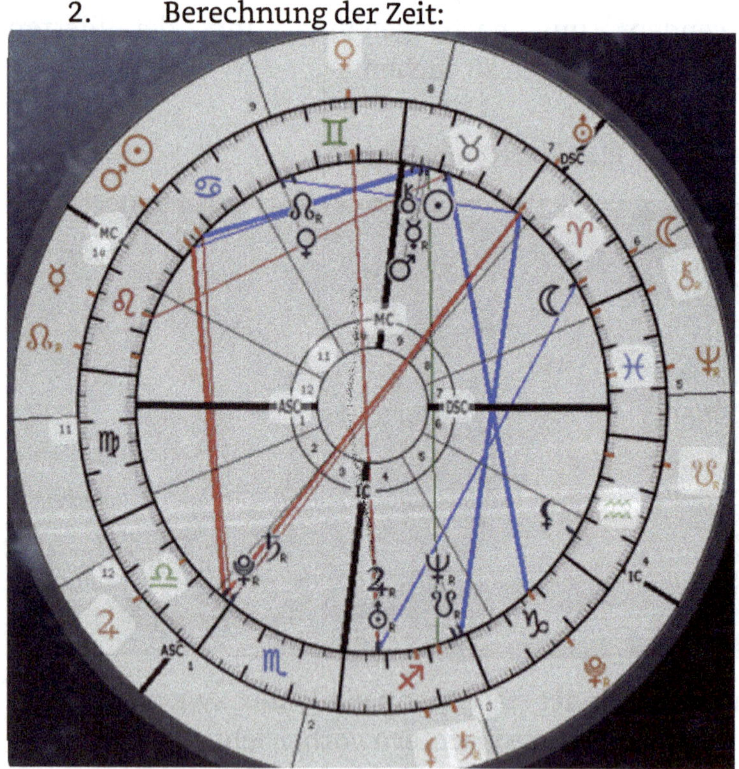

Denken Sie an Planetenmodelle mit großen Lotterieziehungen oder wenn Tickets gekauft wurden.

Wenn zum Beispiel die günstige Konjunktion oder das 3. Haus mit dem 5. Haus oder dem Datum der Ziehung übereinstimmt, könnte dies darauf hindeuten, dass es ein guter Zeitpunkt zum Spielen ist und Ihre Erfolgschancen erhöhen.

3.   Persönliche Geburtskarte:

Analysieren Sie Ihr Geburtshoroskop oder das Geburtshoroskop der Person, die an der Lotterie teilnimmt.

Es identifiziert alle signifikanten planetarischen Muster und ihre Übereinstimmung mit Familien, die mit Glück und Finanzen zu tun haben.

Suchen Sie nach Modellen, die ein großes Potenzial für den Lotterieerfolg aufweisen, wie z. B. vorteilhafte Planeten an Schlüsselorten oder harmonische Aspekte zwischen Planeten.

Diese Informationen können Ihnen bei der Auswahl von Nummern helfen und Ihnen helfen, eine fundierte Entscheidung zu treffen.

4.   Astrologie-Software und -Ressourcen:

Verwenden Sie Astrologie-Software oder konsultieren Sie professionelle Astrologen, die sich auf Finanzastrologie oder Lotterieprognosen spezialisiert haben.

Diese Funktionen können detaillierte Informationen über Planetenmodelle und deren Auswirkungen auf die Lotterieergebnisse liefern.

Sie können benutzerdefinierte Berichte erstellen,

günstige Daten und Uhrzeiten berechnen und fachkundige Ratschläge auf der Grundlage des Geburtshoroskops und der spezifischen Situation geben.

5.   Intuition und Bewusstsein:

Vertraue deinen Instinkten und wache über die Energie des Universums.

Während die Astrologie einen strukturierten Rahmen für die Vorhersage von Lotterieergebnissen bietet, ist es wichtig, auf Ihre innere Stimme zu hören und sich aller intuitiven Antriebe oder Synchronizitäten bewusst zu sein, die Sie zu den richtigen Zahlen oder Gelegenheiten führen könnten.

KAPITEL 4: DIE GEHEIMNISSE DER ERNIEDRIGUNG, KONJUNKTION UND ÜBERTRETUNG ENTRÄTSELN

Während unserer Reise durch das kosmische Reich der Astrologie und ihrer Verbindung zu Lotterievorhersagen erforschen wir den Einfluss astrologischer Zeichen, Häuser und Planetenmuster.

Schauen wir uns nun drei wichtige Himmelsphänomene an, nämlich:

Retrograd, Konjunktion und Transit

Indem wir die Komplexität dieser Himmelsereignisse verstehen, gewinnen wir wertvolle Einblicke in die Dynamik des Universums und wie sie sich auf die Lotterieergebnisse auswirken.

Lassen Sie uns nun das Geheimnis lüften und rückläufige Potenz, Konjunktion und Transit verwenden, um die Lotterie genau vorherzusagen.

1.   Rückläufig: der Tanz des kosmischen Zurückspulens

Rückläufig tritt auf, wenn sich ein Planet aus der Perspektive der Erde in seiner Umlaufbahn zu entfernen scheint.

Diese scheinbare Rückwärtsbewegung bringt einzigartige Energie und Einfluss mit sich, die sich auf Lotterievorhersagen auswirken können.

Lassen Sie uns einige der wichtigsten rückläufigen Noten und ihre möglichen Auswirkungen untersuchen:

Erstens, der rückläufige Merkur:

Der rückläufige Merkur ist wahrscheinlich der bekannteste Rückläufige, der mit Kommunikationsfehlern, technischen Ausfällen und Verzögerungen in Verbindung gebracht wird.

Während dieser Zeit ist es ratsam, die Lottozahlen zu überprüfen, sorgfältig zu kommunizieren und zu verhandeln und sich auf unerwartete Drehungen und Drehungen vorzubereiten. Allerdings ist nicht jeder rückläufige Merkur negativ, und mit dem richtigen Bewusstsein und der richtigen Vorbereitung ist es möglich, in dieser Zeit effektiv zu navigieren.

Zweitens, die rückläufige Venus:

Die rückläufige Venus gibt uns die Möglichkeit, Ihre Werte, Beziehungen und finanziellen Probleme zu reflektieren und neu zu bewerten.

Wenn es um Lotterievorhersagen geht, ist dies

möglicherweise der richtige Zeitpunkt, um Ihre Strategie zu überdenken, Ihre digitalen Optionen zu überdenken und sich von innen heraus auf den Reichtum zu konzentrieren.

Nutze diese Zeit, um deine Intuition zu vertiefen und deine Wünsche mit deinen Handlungen in Einklang zu bringen.

Drittens, der rückläufige Mars:

Der rückläufige Mars bewirkt eine Verschiebung der Energie, was die Notwendigkeit von Selbstbeobachtung, Geduld und Vorsicht unterstreicht.

Jetzt ist es an der Zeit, Ihre Motivationen, Handlungen und Wünsche neu zu bewerten. Wenn es um Lotterievorhersagen geht, kann es ratsam sein, Mäßigung walten zu lassen und impulsive Entscheidungen zu vermeiden. Konzentrieren Sie sich stattdessen auf die Strategie, verfeinern Sie Ihren Ansatz und richten Sie Ihr Unternehmen an Ihren langfristigen Zielen aus.

2. Konjunktion: Himmlische Allianz und Mächtige Energie

Konjunktion tritt auf, wenn zwei oder mehr Planeten in der gleichen Konstellation oder Stufe im Tierkreis ausgerichtet sind, ihre Energien mischen und eine mächtige Kraft erzeugen, die den Ausgang der Lotterie beeinflussen kann.

Lassen Sie uns die Bedeutung von Konjunktionswörtern in Lotterievorhersagen untersuchen:

1. Die Konjunktion von Jupiter und Venus:

Jupiter und Venus sind als nützliche Planeten bekannt, die mit Glück, Überfluss und Wohlstand in Verbindung gebracht werden. Wenn die beiden Planeten eine

Konjunktion bilden, erhöht dies das Potenzial für wirtschaftliche Gewinne, einschließlich Lotteriepreise. Diese Ausrichtung impliziert einen günstigen Zeitraum, um an der Lotterie teilzunehmen, Zahlen zu wählen, die für den Reichtum relevant sind, und Ihren Instinkten zu vertrauen.

2. Sonne-Mond-Verbindung:
Die Konjunktion von Sonne und Mond, auch bekannt als Neumond, steht für einen Neuanfang, einen Neuanfang und eine größere Intuition. Dies ist der perfekte Zeitpunkt, um Absichten zu setzen, sich den Erfolg vorzustellen und Ihre Energie auf das gewünschte Ergebnis auszurichten. Erwägen Sie während dieser Bindung, Lottozahlen zu wählen, die Ihren Absichten entsprechen und Ihren Herzenswünschen entsprechen.

Drittens, die Konjunktion der äußeren Planeten:
Konjunktionen, an denen Exoplaneten wie Saturn, Uranus, Neptun und Pluto beteiligt sind, tragen transformative Energien, die Lotterievorhersagen beeinflussen können.
Diese Ausrichtungen deuten oft auf erhebliche Veränderungen, Herausforderungen oder unvorhergesehene Chancen hin. Beachten Sie den Bereich des Lebens, den diese Planeten in ihrem Geburtshoroskop dominieren, und wie ihre Konjunktionen mit den Standorten von Häusern übereinstimmen, die mit Glück und Finanzen verbunden sind.
Passen Sie Ihre Strategie entsprechend an und seien Sie offen für Möglichkeiten.

3.   Transit: Himmelsreise und Zeit

Ein Transit bezieht sich auf die Bewegung eines Planeten, der verschiedene Konstellationen des Tierkreises durchläuft und sich auf einen bestimmten Punkt im Horoskop oder ein wichtiges Ereignis wie ein Unentschieden ausrichtet. Das Verständnis von Planetentransiten ist unerlässlich, um genaue Lotterievorhersagen zu erhalten. Lassen Sie uns untersuchen, was es bedeutet:

I. Persönliche Beförderung:
Halte Ausschau nach Transiten der Planeten, denn sie machen alle Aspekte deines Geburtshoroskops aus.
Wenn Planeten wie Jupiter, Venus oder die Sonne Aspekte bilden, die mit Ihrem Geburtshoroskop harmonieren, bezieht sich dies auf Glück und Finanzen und deutet auf günstige Zeiten für Lotterievorhersagen hin.
Nutzen Sie diese Zeit, um mit Zuversicht zu spielen, vertrauen Sie Ihren Instinkten und wählen Sie Zahlen, die mit der positiven Energie dieser Transitplaneten übereinstimmen.

2. Mondtransit:
Ein Mondtransit kann einen tiefgreifenden Einfluss auf unsere Emotionen, Intuitionen und Instinkte haben.
Beachten Sie die Position des Mondes im Geburtshoroskop sowie seine tägliche Bewegung, wenn er Phasen mit anderen Planeten bildet.
Bei Voll- und Neumond hat der Mond einen besonders großen Einfluss auf die Lotterieergebnisse, und eine hohe Energie kann Ihre Erfolgschancen erhöhen.

3. Exoplaneten-Transit:
Transite von Exoplaneten wie Saturn, Uranus, Neptun und Pluto bedeuten oft eine Zeit des Wandels in unserem

Leben.

Wenn diese Planeten mit Glück und Finanzen in Bezug auf die Familiengründung in Verbindung gebracht werden, kann dies auf eine signifikante Veränderung Ihrer Finanzen oder eine unerwartete Chance auf einen Lottoerfolg hinweisen.

Lernen Sie die gewonnenen Erkenntnisse und das Wachstumspotenzial dieses Transports kennen und passen Sie Ihre Lotteriestrategie entsprechend an.

4.   Die Kraft des Abbaus, der Konjunktion und des Transits nutzen

Um Degradation, Konjunktion und Transit in Lotterievorhersagen effektiv zu verwenden, sollten Sie Folgendes berücksichtigen:

1. Geschichte:
Hüten Sie sich vor Pannen, Konjunktionen und Transitmomenten im Zusammenhang mit Ziehungen oder dem Kauf von Lottoscheinen.
Planen Sie Ihr Engagement in günstigen Abstimmungsphasen, um Ihre Erfolgschancen zu maximieren.

II. Verständnis und Vorbereitung:
Bleiben Sie auf dem Laufenden über größere Verschlechterungen, Konjunktionen und bevorstehende Transite.
Nutzen Sie dieses Wissen, um potenzielle Herausforderungen anzugehen, Ihre Strategie zu verfeinern und sich auf die positive Energie auszurichten, die während dieser himmlischen Ereignisse zur Verfügung steht.

3. Selbstreflexion und Intuition:
Degradierung, Konjunktion und Transit bieten Möglichkeiten zur Selbstreflexion,
Introspektive und scharfe Intuition. Nutzen Sie diese Zeit, um in Ihre innere Weisheit einzutauchen, Ihren Instinkten zu vertrauen und Ihre Lotterievorhersagen auf der Grundlage der Ratschläge, die Sie erhalten, anzupassen.

5.   Praktischer Leitfaden:
Konjunktionen treten auf, wenn sich zwei oder mehr Planeten mit derselben Konstellation oder demselben Grad im Tierkreis ausrichten und ihre Energien vermischen.
Der Transit liefert wertvolle Informationen über das Wetter, die es uns ermöglichen, unsere Strategie an der kosmischen Strömung auszurichten.
Indem wir die Weisheit der Degradierung, der Konjunktion und des Transits in unsere Lotterievorhersagen einbeziehen, verbessern wir unsere Fähigkeit, Ergebnisse genau vorherzusagen.

KAPITEL 5: IDENTIFIZIERUNG VON PLANETENKONFIGURATIONEN FÜR DEN LOTTERIEERFOLG

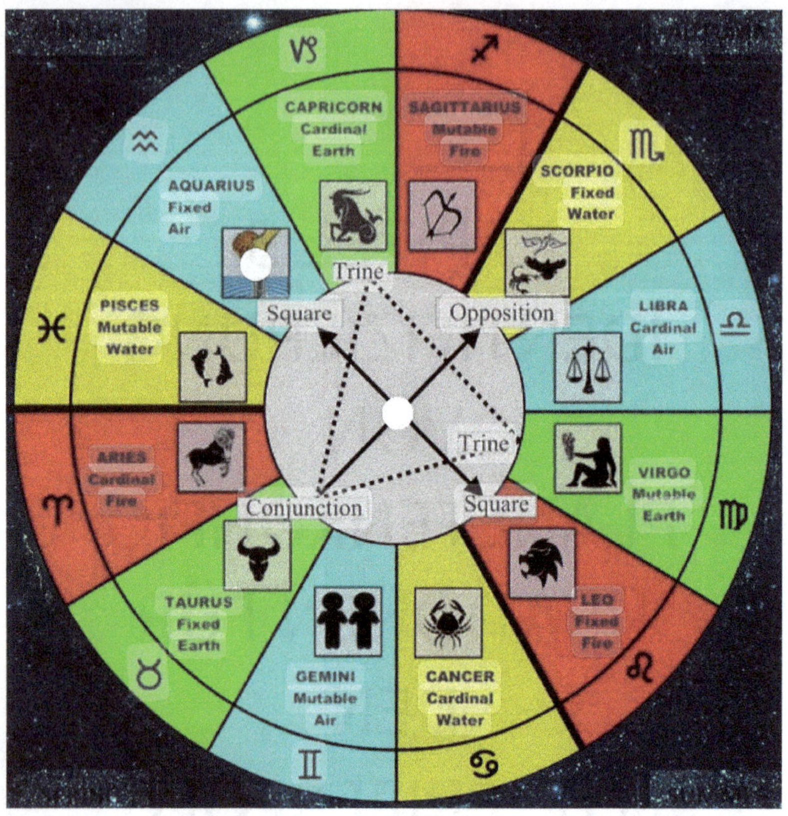

1.   Das große Sonnentrigon:

Der Große Dreizack ist eine mächtige Konfiguration, die auftritt, wenn drei Planeten gleichseitige Dreiecke auf einem Geburts- oder Transithoroskop bilden.

Diese Konfiguration stellt eine harmonische Energie und einen harmonischen Fluss zwischen den beteiligten Planeten dar. Wenn ein großes 3. Haus mit einem Haus übereinstimmt, das mit Glück in Verbindung gebracht wird, wie z. B. dem 2. oder 5. Haus, deutet dies auf eine höhere Erfolgswahrscheinlichkeit in der Lotterie hin.

Achten Sie auf die beteiligten Elemente (Feuer, Erde, Luft oder Wasser) und wählen Sie Zahlen, die zu diesen Elementen passen, um Ihre Chancen zu erhöhen.

2.   Mysteriöses Rechteck:

Das mysteriöse Rechteck ist eine einzigartige Konfiguration aus zwei Gegensätzen und zwei Sextanten, die eine rechteckige Form auf einem Geburtshoroskop oder einer Transitkarte bilden.

Diese Konfiguration vereint die Energie der Herausforderung und der Chance.

Wenn ein mysteriöses Rechteck mit einem Zuhause in Verbindung gebracht wird, das mit Glück und Finanzen in Verbindung gebracht wird, suggeriert es einen Moment des Gleichgewichts und der Leistung.

Das bedeutet, dass harte Arbeit, Strategie und das Ergreifen von Chancen zu erfolgreichen Lotterieperioden führen können.

Notieren Sie sich die beteiligten Planeten und die entsprechenden Zahlen, um Ihre Zahlenwahl zu bestimmen.

3.   Yode (Finger des Schicksals):

Yod, auch bekannt als der "Finger des Schicksals", ist eine seltene und wichtige Konstellation, die auftritt, wenn zwei Planeten ein Quartil bilden und beide dritte Planeten sind.

Diese Formation ähnelt einem langen, schmalen Dreieck, das auf einen bestimmten Bereich eines Horoskops oder einer Verkehrskarte zeigt.

Wenn Yod sich mit einem Haus verbindet, das mit Glück in Verbindung gebracht wird, stellt er ein starkes kosmisches Zeichen für den potenziellen Erfolg der Lotterie dar.

Der Schlüssel liegt darin, auf die Planeten auf Yod und die Energien, die sie repräsentieren, zu achten. Wählen Sie Zahlen für Ihre Lotterievorhersagen, die der Qualität und dem Thema des Planeten entsprechen.

4.   Stern:

Von einer Konstellation spricht man, wenn drei oder mehr Planeten in derselben Konstellation oder in der Nähe eines Hauses gruppiert sind.

Diese Konfiguration beinhaltet eine Fokussierung auf die Energie und Intensität eines bestimmten Lebensbereichs. Wenn das Sternzeichen mit Familien übereinstimmt, die mit Glück und Finanzen zu tun haben, deutet dies darauf hin, dass dies eine Zeit mit großem Potenzial für finanziellen Gewinn ist, einschließlich Lotteriepreisen. Studieren Sie die beteiligten Planeten und die entsprechenden Zahlen, um die Wahl der Zahl zu treffen. Denke über die Eigenschaften und Argumente nach, die mit dem Sternzeichen zu tun haben.

5.   Saturn-Jupiter-Konjunktion:

Die Konjunktion von Saturn mit Jupiter ist ein großes Himmelsereignis, das etwa alle 20 Jahre auftritt.

Das bedeutet, dass das Zusammentreffen von Ausdehnung (Jupiter) und Struktur (Saturn) eine kraftvolle Kombination aus Glück und Stabilität schafft. Wenn diese Kombination mit Glück und finanziell verbundenen Familien in Einklang gebracht wird, läutet dies eine Zeit mit großem Potenzial für finanzielles Wachstum und Erfolg ein.

Diese Ausrichtung impliziert einen günstigen Zeitpunkt für die Teilnahme an der Ziehung, und die gewählten Zahlen spiegeln sowohl die expansionistischen Qualitäten von Jupiter als auch die disziplinierte Herangehensweise von Saturn wider.

6.   Sonne-Mond-Mittelhimmel-Ausrichtung:

Die Zwischenausrichtung Sonne-Mond-Himmel ist in der Astrologie wichtig, da sie das Wesen (Sonne), die emotionale Landschaft (Mond) und den öffentlichen Ruf (Himmelsmitte) repräsentiert. Wenn diese drei Elemente mit Familien in Verbindung gebracht werden, die mit Glück und Finanzen zu tun haben, deutet dies auf einen Moment der Ausrichtung auf Ihr wahres Selbst, emotionale Klarheit und mögliche öffentliche Anerkennung hin.

Dieses Setup beinhaltet mehr Einsicht und Selbstbewusstsein, was die Lotterievorhersagen erheblich verbessern kann.

Vertrauen Sie Ihrem Instinkt und wählen Sie Zahlen, die mit Ihrem wahren Selbst und Ihrem Wunsch nach finanziellem Erfolg übereinstimmen.

7.   Zum Wohle des Planeten:

Achten Sie auf die Transite der begünstigten Planeten wie Jupiter und Venus, da sie für die Lage des Hauses, die mit Glück und finanzieller Situation im Geburtshoroskop oder der Transitkarte verbunden ist, günstig sind.

Diese Überfahrten beinhalten Perioden von größerem Glück, Überfluss und wirtschaftlichem Gewinnpotenzial. Richten Sie Ihre Lotteriebemühungen an diesen Crossovern aus, um Ihre Erfolgschancen zu maximieren. Wählen Sie Zahlen, die die Masse und Energie widerspiegeln, die mit diesen Planeten verbunden sind, um Zahlen auszuwählen.

8.   Benutzerdefinierte Einstellungen:

Achten Sie schließlich auf alle benutzerdefinierten Einstellungen im Geburtshoroskop, die auf einen guten Zeitpunkt für den Lottoerfolg hinweisen könnten. Wenden Sie sich an einen professionellen

Astrologen, der Ihr Astrolabium analysieren und Ihre spezifische Planetenkonfiguration bestimmen kann. Sie können personalisierte Informationen und Tipps für Ihre Lotterievorhersagen bereitstellen, sodass Sie Ihren astrologischen Vorteil nutzen können.

9.   Praktischer Leitfaden:
Identifizieren Sie günstige Planetenkonfigurationen, die Sie als leistungsstarkes Werkzeug verwenden können, um Ihre Erfolgschancen bei der Lotterie zu erhöhen.
Die Große Dreifaltigkeit, mysteriöse Rechtecke, Yod, Sternbilder, Saturn-Jupiter-Konjunktionen, die durchschnittliche Ausrichtung Sonne-Mond-Himmel und vorteilhafte Planetentransite haben ein großes wirtschaftliches Gewinnpotenzial.
Lerne, verstehe und stimme dich mit diesen himmlischen Umgebungen aus, du wirst in der Lage sein, fundierte Entscheidungen zu treffen und Zahlen zu wählen, die mit der Energie des Spiels in Resonanz stehen.
Denken Sie daran, Ihr astrologisches Wissen immer mit Ihrer Intuition und Ihren persönlichen Strategien zu kombinieren, um Ihre Lotterievorhersagen zu optimieren.

KAPITEL 6: TIERKREISZEICHEN

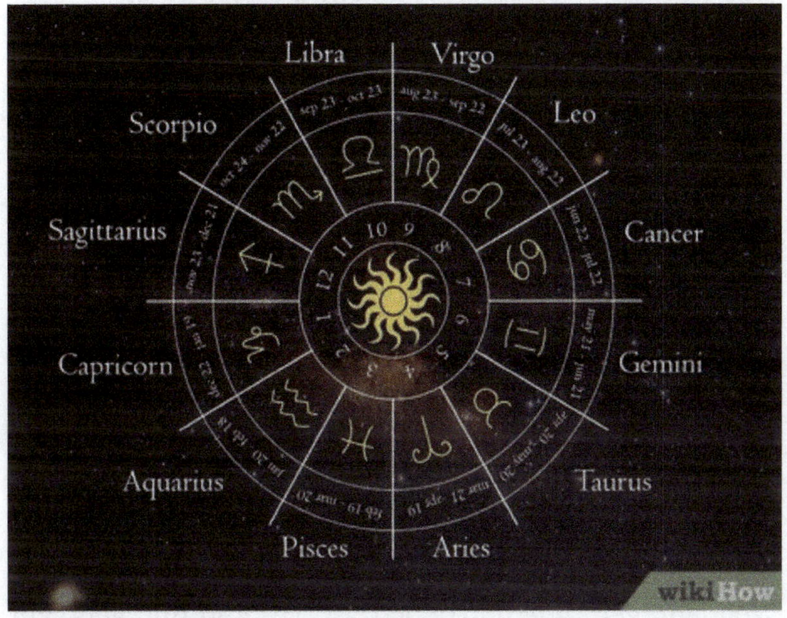

I. Tauchen Sie ein in die Tierkreiszeichen und ihre Beziehung zu Glück und Reichtum.

Widder (21. März - 19. April):
Der Widder ist das Feuerzeichen der Dominanz des Mars und verkörpert Ehrgeiz, Selbstvertrauen und Mut.
Menschen, die in diesem Sternzeichen geboren sind, haben in der Regel einen Kampfgeist und eine furchtlose

Einstellung zu Herausforderungen.

Wenn es um die Lotterie geht, kann der Widder in Hochrisikosituationen gedeihen und neigt möglicherweise dazu, Zahlen zu wählen, die mit seinen Glücksfarben verbunden sind, wie z. B. leuchtendes Rot oder feuriges Orange.

Stier (20. April – 20. Mai):

Der Stier, das von Venus regierte Erdzeichen, steht für Stabilität, Zweckmäßigkeit und Entschlossenheit. Stier-Individuen neigen dazu, die Lotterie mit einer methodischen, zurückhaltenden Denkweise anzugehen. Sie mögen Zahlen schätzen, die die Fülle und Stabilität des Materials widerspiegeln, oder Zahlen, die mit Glückssteinen wie Smaragden oder Jade verbunden sind.

Zwillinge (21. Mai bis 20. Juni):

Zwillinge, das von Merkur regierte Luftzeichen, verkörpert Vielseitigkeit, Anpassungsfähigkeit und intellektuelle Fähigkeiten. Menschen, die in diesem Sternzeichen geboren sind, können analytische Strategien und mathematische Berechnungen in ihren Lotterievorhersagen verwenden.

Sie können sich auch von Zahlen angezogen fühlen, die mit Kommunikation, Dualität oder glücklichen Wochentagen wie Mittwoch in Verbindung gebracht werden.

Krebs (21. Juni - 22. Juli):

Krebs, das vom Mond regierte Wasserzeichen, steht für Sensibilität, Intuition und emotionale Tiefe. Menschen, die unter diesem Sternzeichen geboren sind, können sich auf ihre Intuition und intuitive Intuition verlassen, um ihre Lottovorhersagen vorherzusagen.

Sie können von Zahlen angezogen werden, die sich

auf Wachstum, Familie oder Glückszahlen beziehen, die einen sentimentalen Wert haben.

Löwe (23. Juli - 22. August):
Der Löwe ist ein Feuerzeichen, das von der Sonne regiert wird und Selbstvertrauen, Kreativität und Führungsqualitäten ausstrahlt. Lions haben im Allgemeinen ein starkes Selbstvertrauen und Optimismus, was ihre Lotterievorhersagen beeinflussen kann.
Sie neigen dazu, Zahlen zu wählen, die sich auf Größe, Erfolg oder ihre Glückszahlen beziehen, die normalerweise an ihr Geburtsdatum gebunden sind.

Jungfrau (23. August - 22. September):
Jungfrau, das von Merkur regierte Erdzeichen, ist ein Synonym für Praktikabilität, Präzision und Analyse.
Die Jungfrau neigt dazu, die Lotterie mit Akribie und Liebe zum Detail anzugehen. Sie können statistische Analysen, historische Daten oder Modelle bei der Auswahl von Zahlen verwenden. Jungfrau kann auch von Zahlen angezogen werden, die mit Bestellungen, Dienstleistungen oder Glücksfarben wie Marineblau oder Erdbraun verbunden sind.

Waage (23. September bis 22. Oktober):
Die Waage ist ein Zeichen, das von Venus regiert wird und verkörpert Harmonie, Gleichgewicht und Diplomatie.
Libra kann in seinen Lotterievorhersagen nach Kombinationen von Werten suchen, die Symmetrie oder Ausgewogenheit widerspiegeln.
Sie können auch von Partnerschafts- oder Gruppenspielen profitieren, da ihr kollaborativer Charakter ihre Gewinnchancen erhöhen kann.
Zahlen, die sich auf Schönheit, Liebe oder Ihre Glückszahl

beziehen, die oft mit der Zahl 6 in Verbindung gebracht werden, können auch für Menschen in der Waage eine Bedeutung haben.

Skorpion (23. Oktober - 21. November):
Skorpion, das von Pluto regierte Wasserzeichen, steht für Intensität, Intuition und Transformation. Wer in diesem Sternzeichen geboren ist, kann seine intuitive Kraft nutzen, um in die esoterische Praxis einzutauchen und Lotterievorhersagen zu treffen.
Skorpione können von Zahlen angezogen werden, die mit Geheimnissen, verborgenem Wissen und persönlichen Transformationen verbunden sind.
Sie können auch durch Glückszahlen beeinflusst werden, die oft mit der Zahl 9 in Verbindung gebracht werden, oder durch Kombinationen mit tiefer persönlicher Bedeutung.

Schütze (22. November - 21. Dezember):
Schütze ist ein von Jupiter regiertes Feuerzeichen, das Abenteuer, Optimismus und Expansion verkörpert. Wer von diesem Zeichen betroffen ist, kann sich mit einem Überblick an die Lotterie herantasten und an sein Glück glauben.
Sie können sich zu Zahlen hingezogen fühlen, die mit Reisen, Bildung oder Glückszahlen zu tun haben, die oft mit der Zahl 3 oder einer Kombination verbunden sind, die ihre abenteuerliche Natur widerspiegelt.

Steinbock (22. Dezember – 19. Januar):
Steinbock, das von Saturn regierte Erdzeichen, steht für Ehrgeiz, Disziplin und Struktur. Steinböcke gehen mit strategischem Denken an die Lotterie heran und konzentrieren sich auf langfristige Planung. Sie neigen dazu, Zahlen zu wählen, die sich auf materiellen

Erfolg, Stabilität oder Glückszahlen beziehen, die ihrem Geburtsdatum oder wichtigen Meilensteinen entsprechen.

Wassermann (20. Januar bis 18. Februar):
Wassermann ist das von Uranus regierte Zeichen und verkörpert Innovation, Unabhängigkeit und intellektuelle Aktivität.
Wassermann-beeinflusste Menschen können unkonventionelle Strategien und einzigartige Zahlenkombinationen in ihren Lotterievorhersagen verwenden.
Sie können von Zahlen angezogen werden, die sich auf technologische Fortschritte, soziale Trends oder Glückszahlen mit symbolischem Wert beziehen.

Fische (19. Februar – 20. März):
Fische ist das Wasserzeichen, das von Neptun regiert wird, was Mitgefühl, Phantasie und spirituelle Verbindung bedeutet.
Menschen, die unter diesem Sternzeichen geboren sind, können sich bei Lotterievorhersagen auf ihre intuitive Intuition und Verbindung mit dem Unterbewusstsein verlassen.
Sie können sich zu Zahlen hingezogen fühlen, die mit Träumen, Intuition oder Glückszahlen verbunden sind, die eine spirituelle Bedeutung haben.

Praktischer Leitfaden:

Tauchen Sie tiefer in die Tierkreiszeichen und ihre Beziehung zu Glück und Glück ein, um wertvolle Einblicke in die Optimierung von Lotterievorhersagen zu erhalten.

Indem wir die Qualität und Energie jedes Logos verstehen, können wir unsere digitale Auswahlstrategie entsprechend anpassen.

Egal, ob es sich um die glühenden Ambitionen des Widders, die akribische Analyse der Jungfrau oder die intuitiven Blitze des Krebses handelt, jedes Sternzeichen bietet eine einzigartige Herangehensweise an die Lotterie.

Kombinieren Sie Ihr astrologisches Wissen mit der Intuition, den persönlichen Strategien und anderen Techniken, die in diesem Buch erforscht werden, um Ihre Fähigkeit zu verbessern, Lotterieergebnisse genau vorherzusagen.

2. Analysieren Sie die einzigartigen Qualitäten jedes Logos und seine potenziellen Auswirkungen auf die Lotterieergebnisse:

Widder (21. März – 19. April): Pionier des Feuers
Der Widder ist das Hauptfeuerzeichen, das auf dem Mars herrscht und Mut, Ehrgeiz und Entschlossenheit verkörpert. Als Pioniere behandelten die Arier die Lotterie mit einem erbitterten Wettkampfgeist.

Sie gedeihen, indem sie Risiken eingehen und mutige Entscheidungen treffen.

Selbstvertrauen und Mut können zu positiven Ergebnissen führen.

Arier können sich von Zahlen angezogen fühlen, die ihren Pioniercharakter widerspiegeln, wie z. B. 1 oder eine Kombination, die Energie und Vitalität ausstrahlt.

Stier (20. April – 20. Mai): Eine realistische Aussage

Der Stier, ein festes Erdzeichen, das von Venus regiert wird, steht für Stabilität, Zweckmäßigkeit und materiellen Überfluss.

Der Stier geht mit einer soliden und methodischen Mentalität an die Lotterie heran.

Sie verlassen sich auf Ihre Geduld und Ausdauer, um ihre Wünsche auszudrücken.

Der Stier bevorzugt möglicherweise vermögensbezogene Zahlen wie 4er oder Kombinationen, die seine Liebe zu Schönheit und Luxus widerspiegeln.

Zwillinge (21. Mai – 20. Juni): analytischer Kommunikator

Zwillinge sind ein sich ständig veränderndes Luftzeichen, das von Merkur regiert wird und Vielseitigkeit, Neugier und intellektuelle Fähigkeiten verkörpert.

Zwillinge nähern sich der Lotterie mit ihren analytischen Fähigkeiten, indem sie logische Strategien und Berechnungen verwenden.

Sie erforschen gerne Muster und treffen fundierte Entscheidungen.

Zwillinge können von Zahlen angezogen werden, die mit Kommunikation und Intelligenz zu tun haben, wie z. B. 5 oder Kombinationen, die ihre duale Natur widerspiegeln.

Krebs (21. Juni bis 22. Juli): die Nurifer-Intuition

Krebs, das vom Mond regierte Wasserzeichen, steht für Sensibilität, Empathie und emotionale Tiefe.

Menschen mit Krebs gehen mit Intuition und emotionaler Intelligenz an die Lotterie heran.

Sie vertrauen ihren Instinkten und ihrer Verbindung zum Unterbewusstsein. Krebs kann von Zahlen angezogen werden, die mit Erziehung und Familie zu tun haben, wie z. B. 2 oder eine Kombination mit sentimentalem Wert.

Löwe (23. Juli – 22. August): Königlicher Künstler
Der Löwe ist ein festes Feuerzeichen, das von der Sonne regiert wird und Selbstvertrauen, Kreativität und Führungsqualitäten ausstrahlt. Lions gehen mit Größe und Talent an die Lotterie heran.
Sie glauben an Glück und glänzen, wenn Selbstdarstellung gefragt ist.
Löwen bevorzugen möglicherweise Zahlen, die mit Erfolg und Selbstverwirklichung in Verbindung gebracht werden, wie z. B. 9 oder eine Kombination, die ihre mutige und charismatische Natur widerspiegelt.

Jungfrau (23. August – 22. September): Akribischer Analytiker
Jungfrau, ein sich ständig veränderndes Erdzeichen, das von Merkur regiert wird, steht für praktisches, präzises und analytisches Denken.
Die Jungfrau nähert sich der Lotterie mit Akribie und Liebe zum Detail.
Sie nutzen statistische Analysen, historische Daten und Mustererkennung, um fundierte Entscheidungen zu treffen.
Jungfrau neigt dazu, Zahlen zu wählen, die sich auf Ordnung und Organisation beziehen, wie z. B. 6 oder Kombinationen, die ihre Liebe zum Detail widerspiegeln.

Waage (23. September bis 22. Oktober): Harmonische Diplomaten

Die Waage ist das Kardinalzeichen, das von Venus regiert wird und verkörpert Gleichgewicht, Harmonie und Diplomatie. Die Waage nähert sich der Lotterie mit einem Durst nach Gerechtigkeit und Kooperation.

Sie gedeihen auf, wenn es um Partnerschaften oder Gruppenspiele geht. Die Waage kann von Zahlen angezogen werden, die mit Schönheit und Liebe in Verbindung gebracht werden, wie z. B. 7.

Oder eine Kombination, die seine Liebe zu Symmetrie und Ästhetik widerspiegelt.

Skorpion (23. Oktober - 21. November): Starke Transformatoren

Skorpion, das feste Wasserzeichen, das von Pluto regiert wird, steht für Intensität, Leidenschaft und Transformation. Skorpione nähern sich der Lotterie mit ihrer tiefen Einsicht und Neigung, verborgene Wahrheiten zu entdecken.

Sie scheuen sich nicht, Risiken einzugehen und sich in esoterische Praktiken zu vertiefen, um die Chancen zu erhöhen. Skorpione können sich von Zahlen angezogen fühlen, die mit Mysterium und Macht in Verbindung gebracht werden, wie z. B. 8er oder Kombinationen mit tiefer persönlicher Bedeutung.

Schütze (22. Nov. - 21. Dez.): Abenteuerlustiger Optimist

Der Schütze ist ein sich ständig veränderndes Feuerzeichen, das von Jupiter regiert wird und

Abenteuer, Optimismus und Expansion verkörpert. Schützen nähern sich der Lotterie mit Begeisterung und Vertrauen in das Glück. Sie gehen gerne Risiken ein und ergreifen neue Chancen.

Schützen neigen dazu, Zahlen zu wählen, die mit Reisen und persönlichem Wachstum zu tun haben, wie z. B. 3er oder Kombinationen, die ihren Abenteuergeist widerspiegeln.

Steinbock (22. Dez. - 19. Jan.): Ehrgeiziger Stratege

Steinbock, das Sternzeichen von Saturn, steht für Ehrgeiz, Disziplin und strategische Planung.

Steinböcke gehen die Lotterie mit einer pragmatischen und strategischen Denkweise an.

Sie setzen auf langfristige Planung und eine disziplinierte Vorgehensweise, um ihre Erfolgschancen zu erhöhen.

Steinböcke können sich von Zahlen angezogen fühlen, die mit Stabilität und Erfolg in Verbindung gebracht werden, wie z. B. 10, oder ihre entscheidenden Kombinationen widerspiegeln.

Wassermann (20. Januar – 18. Februar): Innovativer Visionär

Wassermann ist ein festes Luftzeichen, das von Uranus regiert wird und Innovation, Unabhängigkeit und intellektuelles Streben verkörpert.

Wassermann nähert sich der Lotterie mit unkonventionellen Strategien und einer einzigartigen Perspektive.

Sie probieren gerne verschiedene Ansätze aus und erkunden neue Möglichkeiten.

Wassermänner können sich von Zahlen angezogen

fühlen, die mit Fortschritt und sozialem Fortschritt in Verbindung gebracht werden, wie z. B. 11 oder Kombinationen, die ihre visionäre Natur widerspiegeln.

Fische (19. Februar – 20. März): Intuitiver Träumer
Fische ist ein Wasserzeichen, das von Neptun regiert wird und Mitgefühl, Fantasie und spirituelle Verbindung symbolisiert.
Fische nähern sich der Lotterie mit ihrer tiefen Einsicht und Verbindung mit dem Unterbewusstsein.
Sie verlassen sich auf ihre Träume und ihre intuitive Intuition, um ihre Entscheidungen zu treffen.
Fische neigen dazu, Zahlen zu wählen, die mit Spiritualität und innerer Intelligenz zu tun haben, wie z. B. 12 oder eine Kombination, die ihre verträumte und mitfühlende Natur widerspiegelt.

Praktischer Leitfaden:

Analysieren Sie die einzigartigen Eigenschaften jedes Sternzeichens, um wertvolle Einblicke in ihre potenziellen Auswirkungen auf die Lotterieergebnisse zu erhalten.
Von der leidenschaftlichen Entschlossenheit des Widders bis zur intuitiven Weisheit der Fische bietet jedes Sternzeichen eine einzigartige Möglichkeit, Lotto zu spielen.
Wenn du diese Sternzeichen kennst, kannst du deine Strategie und Herangehensweise an die Zahlenauswahl an den Energien ausrichten, die mit jedem Sternzeichen verbunden sind.

III. Entdecken Sie personalisierte Strategien, die auf den

individuellen Merkmalen des Tierkreises basieren.

Widder (21. März - 19. April):
Als Arier hast du eine mutige und wettbewerbsorientierte Natur.
Zeigen Sie Ihren Abenteuergeist und Mut, wenn Sie sich in die Lotterie wagen.
Vertrauen Sie Ihren Instinkten, vertrauen Sie Ihren intuitiven Entscheidungen.
Ihre Glückszahlen können Kombinationen enthalten, die Ihre Pionierenergie widerspiegeln, wie z. B. 1, 9, oder eine beliebige Zahl, die mit Ihrer Glücksfarbe verbunden ist, wie z. B. leuchtendes Rot oder feuriges Orange.

Stier (20. April – 20. Mai):
Als Stier haben Sie eine pragmatische und geduldige Lebenseinstellung.
Wenden Sie diese Denkweise auf Ihre Lotterieprognosen an, indem Sie sich auf Stabilität und langfristige Strategien konzentrieren. Vertrauen Sie Ihrem Instinkt, wenn Sie Zahlen wählen, die sich auf materiellen Reichtum und Überfluss beziehen, wie z. B. 4 oder eine Kombination, die Ihre Liebe zum Luxus widerspiegelt.
Erwägen Sie, Ihre Glücksedelsteine wie Smaragde oder Jade in Ihren Zahlenauswahlprozess einzubeziehen.

Zwillinge (21. Mai bis 20. Juni):
Wie Zwillinge haben Sie einen scharfen analytischen Verstand. Nutzen Sie Ihre Intelligenz und Neugier, um Lotteriemuster und -strategien zu erkunden. Akzeptiere deine Anpassungsfähigkeit und probiere verschiedene Ansätze aus.
Erwägen Sie, Zahlen zu wählen, die mit Kommunikation und Intelligenz zu tun haben, z. B. 5, oder Kombinationen, die Ihre binäre Persönlichkeit

widerspiegeln.

Achten Sie auf wichtige Daten oder Glückszahlen, die mit Glückstagen der Woche verbunden sind, wie z. B. Mittwoch.

Krebs (21. Juni - 22. Juli):
Als Krebsforscher sind Sie eng mit Ihrer Intuition und Ihren Emotionen verbunden.
Vertrauen Sie Ihren Gefühlen, wenn es um Lotterievorhersagen geht.
Ihr tiefes Einfühlungsvermögen und Ihre Sensibilität können Sie zu den richtigen Zahlen führen.
Wählen Sie Kombinationen, die mit Ernährung und Familie in Einklang stehen, wie z. B. 2, oder Zahlen, die für Sie einen sentimentalen Wert haben.
Erwägen Sie, Mondzyklen und wichtige Daten im Zusammenhang mit dem Mond in Ihre Strategie einzubeziehen.

Löwe (23. Juli - 22. August):
Wie der Löwe strahlst du Selbstvertrauen und Kreativität aus. Wenn Sie sich der Lotterie nähern, nehmen Sie Ihre wahre Natur an.
Vertrauen Sie Ihrem Glück und glänzen Sie in Situationen, in denen Selbstdarstellung erforderlich ist.
Wählen Sie Zahlen, die sich auf Erfolg und Selbstverwirklichung beziehen, z. B. 9, oder eine Kombination, die Ihre mutige und charismatische Persönlichkeit widerspiegelt.
Erwägen Sie, Zahlen hinzuzufügen, die sich auf Ihren Glückstag oder einen Meilenstein in Ihrem Leben beziehen.

Jungfrau (23. August - 22. September):
Als Jungfrau haben Sie eine akribische und analytische

Denkweise.

Achten Sie auf die Details und die Genauigkeit der Lotterievorhersagen.

Akzeptieren Sie seine Nützlichkeit und verlassen Sie sich auf statistische Analysen, historische Daten und Mustererkennung.

Konzentrieren Sie sich auf Bestell- und Organisationsnummern, wie z. B. 6, oder Kombinationen, die Ihre akribische Natur widerspiegeln.

Beziehen Sie Ihre Glücksfarbe, wie z. B. Marineblau oder Erdbraun, in die Zahlenauswahl ein.

Waage (23. September bis 22. Oktober):

Als Waage verkörperst du Gleichgewicht, Harmonie und Diplomatie.

Es umarmt seine kollaborative Natur, wenn es um Lotterie geht. Erwägen Sie, an Gruppenspielen oder Partnerschaften teilzunehmen, um Ihre Erfolgschancen zu erhöhen.

Wählen Sie Zahlen, die mit Schönheit und Liebe zu tun haben, wie z. B. 7, oder Kombinationen, die Ihre Wertschätzung für Symmetrie und Ästhetik widerspiegeln.

Achten Sie auf die Zahlen, die mit Ihren Glückszahlen verknüpft sind, oder auf wichtige Daten, die mit Ihren Glückstagen verbunden sind.

Skorpion (23. Oktober - 21. November):

Wie der Skorpion besitzen Sie eine tiefe Intensität und Intuition.

Wenn Sie sich der Lotterie nähern, nehmen Sie Ihre transformative Natur an.

Vertrauen Sie Ihrem Instinkt und tauchen Sie ein in die esoterische Praxis, um Ihre Vorhersagen zu verbessern.

Erwägen Sie, Zahlen zu wählen, die mit Mysterium und Macht verbunden sind, wie z. B. 8, oder Kombinationen mit tiefer persönlicher Bedeutung.
Achte auf die Zahlen, die sich auf deine Glückszahlen oder Meilensteine in deinem Leben beziehen.

Schütze (22. November - 21. Dezember):
Wie der Schütze verkörperst du Abenteuer und Optimismus.
Lassen Sie Ihren Abenteuergeist umarmen, wenn Sie an der Verlosung teilnehmen.
Vertrauen Sie auf Ihr Glück und nutzen Sie neue Chancen. Wählen Sie Reise- und persönliche Wachstumszahlen, z. B. 3, oder Kombinationen, die Ihre Leidenschaften widerspiegeln.
Erwägen Sie, Zahlen aufzunehmen, die sich auf Ihren Glückstag beziehen, oder Zahlen, die einen symbolischen Wert für Ihre Abenteuerlust haben.

Steinbock (22. Dezember – 19. Januar):
Als Steinbock haben Sie Ehrgeiz und strategisches Denken.
Nutzen Sie Ihre Bequemlichkeit und Disziplin bei Lotterievorhersagen.
Konzentrieren Sie sich auf langfristige Planung und diszipliniertes Vorgehen.
Vertrauen Sie Ihrem Instinkt und wählen Sie Zahlen, die mit Stabilität und Erfolg in Verbindung gebracht werden, z. B. 10 oder eine Kombination, die Ihre spezifische Natur widerspiegelt. Fügen Sie Zahlen hinzu, die sich auf Ihre Glückszahlen oder Meilensteine in Ihrem Leben beziehen.

Wassermann (20. Januar bis 18. Februar):
Als Wassermann verkörperst du Innovation und Unabhängigkeit.

Verwenden Sie Ihre unkonventionelle Strategie, wenn Sie an der Lotterie teilnehmen.

Denken Sie über den Tellerrand hinaus und erkunden Sie neue Möglichkeiten.

Wählen Sie Zahlen, die sich auf Fortschritt und sozialen Fortschritt beziehen, z. B. 11, oder eine Kombination, die Ihre visionäre Natur widerspiegelt.

Achten Sie auf die Zahlen, die sich auf Ihre Glückszahlen beziehen oder die Zahlen, die für Ihren Innovationsgeist wichtig sind.

Fische (19. Februar – 20. März):

Als Fische hast du Einsicht und eine tiefe Verbindung zum Unterbewusstsein.

Glaube an deine Träume und umarme deine mitfühlende Natur, wenn die Lotterie näher rückt.

Wählen Sie Zahlen, die mit Spiritualität und innerer Intelligenz zu tun haben, wie z. B. 12, oder Kombinationen mit persönlicher Bedeutung.

Erwägen Sie, den Mondzyklus und die damit verbundenen Zahlen in Ihre Glückszahlen oder wichtige Daten in Ihrem Leben einzubeziehen.

Praktischer Leitfaden:

Wenn Sie benutzerdefinierte Strategien auf der Grundlage Ihres Horoskopprofils entdecken, können Sie Lotterievorhersagen mit Ihren einzigartigen Stärken und Eigenschaften in Einklang bringen.

Egal, ob Sie ein abenteuerlustiger Arier oder eine akribische Jungfrau sind, die Annahme Ihres Sternzeichens kann Ihre Erfolgschancen erhöhen.

KAPITEL 7 MOND UND MONDPHASEN

Studieren Sie die Mondphasen und wie sie mit dem Lottoglück zusammenhängen.

Die ständig wechselnden Mondphasen besitzen eine mysteriöse Kraft, die unsere Lotterievorhersagen maßgeblich beeinflussen kann.

Neumond: Setzen Sie sich eine Intention und visualisieren Sie den Erfolg

Der Neumond markiert den Beginn des Mondzyklus, wenn der Mond am Nachthimmel unsichtbar ist.
Es symbolisiert einen Neuanfang, einen Neuanfang und die Kraft der Absicht.
Die Energie des Neumondes zu nutzen, kann ein mächtiges Werkzeug für Lotterievorhersagen sein.
Hier erfahren Sie, wie Sie den Neumond nutzen können, um Ihr Lottoglück zu erhöhen:

1. Setzen Sie Absichten: Nehmen Sie sich während der Neumondphase die Zeit, klare Absichten für Ihr Lotterieabenteuer zu setzen. Schreiben Sie die spezifischen Wünsche, Ziele und Erfolge auf, die Sie zeigen möchten. Seien Sie so

detailliert wie möglich und konzentrieren Sie sich auf Ihre Absicht, im Lotto zu gewinnen. Stellen Sie sich vor, Sie beanspruchen den Jackpot selbst und erleben die Freude am Gewinnen.

2.	Visualisierungserfolg: Machen Sie eine Visualisierungsübung in der Neumondphase. Schließen Sie die Augen und stellen Sie sich vor, dass Sie Ihren Gewinnschein in der Hand halten und die Aufregung und den Reichtum eines Lottogewinns spüren. Sehen Sie sich die Anzahl und die Momente der Feierlichkeiten zu Ihren Gunsten an. Überzeugen Sie sich selbst von der Möglichkeit, im Lotto zu gewinnen.

Vollmond: Verstärken Sie Ihre Intuition und vertrauen Sie Ihrer inneren Führung

Der Vollmond ist eine kraftvolle und helle Phase, in der der Mond am Nachthimmel vollständig beleuchtet ist.
Es steht für Orgasmus, hohe Energie und Erleuchtung des Unterbewusstseins.
Der Vollmond ist eine wichtige Zeit, um Ihre Intuition zu erforschen und Ihrer inneren Führung zu vertrauen.
Hier erfahren Sie, wie Sie die Kraft des Vollmondes in der Lotterie für Ihr Glück nutzen können:

1.	Erhöhte Einsicht: Während der Vollmondphase wird Ihre Intuition verstärkt. Achten Sie auf intuitive Ideen, Träume oder Hinweise, die Sie bei Ihren Lotterievorhersagen leiten könnten. Vertrauen Sie Ihrer Intuition und lassen Sie sich von Ihrer Intuition leiten.

2.	Reflexion und Befreiung: Der Vollmond ist

auch eine Zeit, um nachzudenken und Zweifel oder einschränkende Überzeugungen loszulassen, die den Erfolg der Lotterie behindern können. Nehmen Sie sich einen Moment Zeit, um negative Denkmuster oder Ängste zu untersuchen, die Ihre Bereicherung bremsen könnten. Lassen Sie sie frei, um positive Energie und glückliche Gelegenheiten zur Lotterie einzuladen.

Neumond: Schwung aufbauen und handeln

Die Neumondphasen liegen nach dem Neumond und vor dem Vollmond.
Er steht für das Wachstum, die Expansion und die Dynamik des Bauens.
Dieser Schritt ist ideal, um Aktionen durchzuführen, die von Lotterievorhersagen inspiriert sind.
Hier erfahren Sie, wie Sie den Neumond nutzen können, um Ihr Lottoglück zu erhöhen:

1.	Recherche und Strategie: Verbringen Sie während der Neumondphase Zeit damit, Lotteriestrategien zu recherchieren, vergangene Gewinnzahlen zu recherchieren und Statistiken zu analysieren. Verwenden Sie diesen Schritt, um Ihren einzigartigen Ansatz zu entwickeln und den Nummernauswahlprozess zu optimieren.

2.	Positive Affirmationen und Mindsets: Nehmen Sie positive Mindsets und Affirmationen in der neuen Phase an. Wiederholen Sie Aussagen, die mit Ihren Lotteriezielen übereinstimmen, wie z. B. "Ich bin ein glücklicher Lottogewinner" oder "Ich ziehe große Preise und Jackpots an". Sehen Sie sich die erwarteten Ergebnisse mit Zuversicht und Motivation an.

Viertens: Der Mond verschwindet: Negative Emotionen loslassen und fließen lassen

Die verblassenden Mondphasen treten nach dem Vollmond und vor dem Neumond auf. Es steht für eine Ära der Befreiung, der Kapitulation und der Loslösung. Wenn Sie die Abschwächung der Mondphase ausnutzen, können Sie negative Energie oder Anhaftung an ein bestimmtes Ergebnis in der Lotterievorhersage loslassen. Hier erfahren Sie, wie Sie mit Falling Moon arbeiten können, um Ihr Lottoglück zu erhöhen:

1. Auszahlungsergebnisse: In Zeiten, in denen sich die Mondphase abschwächt, üben Sie, bestimmte Lotterieergebnisse abzulehnen. Befreie alle Anhaftung an Sieg oder Niederlage und gib dich dem natürlichen Fluss des Universums hin. Vertraue darauf, dass die richtigen Zahlen und Gelegenheiten mit heiligen Momenten übereinstimmen werden.

2. Sauber und sauber: Verwenden Sie verblichene Mondphasen, um Energieblockaden oder negative Effekte zu entfernen, die Ihrem Glück schaden könnten. Beschäftige dich mit Praktiken wie dem Auftragen von Salbei, Meditation oder energetisierenden Reinigungsritualen, um deine Energie zu reinigen und Raum für positive Schwingungen zu schaffen.

Zeit zwischen den Mondphasen mit einer Zeichnung:

Neben der Auseinandersetzung mit der Energie der Mondphasen ist es auch notwendig, die erwartete Zeit der Lotterie mit der Zeit der tatsächlichen Ziehung in Einklang zu bringen. Hier sind einige Richtlinien, die Sie beachten sollten:

1.   Neumond: Nehmen Sie an einer Verlosung teil, die einige Tage nach der Neumondphase stattfindet. Die Neumond-Reset-Energie kann Ihre Chancen erhöhen, neue Absichten zu setzen und in der Lotterie erfolgreich zu sein.

2.   Vollmond: Nehmen Sie an einer Verlosung teil, die einige Tage vor und nach der Vollmondphase stattfindet. Die hohe Energie des Vollmondes verstärkt Ihre Instinkte und erhöht die Wahrscheinlichkeit, Glück im Lotto zu haben.

3.   Neumond: Nutzen Sie die aufsteigende Phase, um Ihre digitalen Optionen zu recherchieren, Strategien zu entwickeln und vorzubereiten. Nehmen Sie an einer Verlosung teil, die während der Neumondphase stattfindet, um Ihre Handlungen mit den Aufbaumomenten dieses Mondzyklus in Einklang zu bringen.

4.   Verblassender Mond: Nutze die verblassenden Phasen des Mondes zum Reflektieren, Loslassen und Trennen. Nehmen Sie an einer Verlosung teil, die stattfindet, wenn sich die Mondphasen abschwächen, und lassen Sie sich von den natürlichen Energieflüssen leiten.

Praktischer Leitfaden:

Die Mondphasen und -zyklen haben einen tiefgreifenden Einfluss auf das Schicksal der Lotterie.
Verstehe, was jeder Schritt bedeutet.
•   Definieren Sie die Absicht und visualisieren Sie

den Erfolg,

•	Der Vollmond verstärkt die Intuition und basiert auf innerer Führung,

•	Die Mondsichel erzeugt Schwung und wirkt.

•	Der verblassende Mond setzt Negativität frei und lässt Fluss zu, indem er Lotterievorhersagen mit kosmischer Energie in Einklang bringt.

Nutzen Sie die Kraft der Mondsichel, des Vollmondes und der Sonnenfinsternis, um die Lotterieergebnisse zu beeinflussen.

Vollmond und Finsternis beeinflussen die Lotterieergebnisse; Die Kraft des Neumondes:

Die Mondsichel steht für eine kraftvolle Zeit des Neuanfangs, des Neubeginns und der klaren Absichten. Wenn es um Lotterien geht, hat die Mondsichel ein großes Potenzial, Ihre Wünsche zu erfüllen. Hier erfahren Sie, wie Sie die Kraft der Mondsichel nutzen können, um die Lotterieergebnisse zu beeinflussen:

1.	Setzen Sie starke Absichten: Nutzen Sie im neuen Monat die Gelegenheit, klare und spezifische Absichten für Ihr Lotteriegeschäft festzulegen. Schreiben Sie Ihre Ziele, Bestrebungen und die spezifischen Erfolge auf, die Sie zeigen möchten. Stellen Sie sich vor, Sie halten den Gewinnschein in der Hand und erleben die Freude an der Lotterie. Die konzentrierte Energie des Neumondes verstärkt eure Absichten und bringt sie in Einklang mit den kosmischen Kräften, die am Werk sind.

2.	Nehmen Sie die Denkweise des Überflusses

an: Nutzen Sie die Energie der Mondsichel, um eine Mentalität des Überflusses zu kultivieren. Lassen Sie alle Zweifel, Ängste oder einschränkenden Überzeugungen über den Lottogewinn los. Bekräftigen Sie stattdessen Ihren Glauben an Ihre Fähigkeit, Fülle anzuziehen, und verlassen Sie sich auf die Unterstützung des Universums. Nehmen Sie an positiven Affirmations- und Visualisierungsübungen teil, um Ihre Enrichment-Denkweise zu stärken.

Vollmond-Effekte:

Der Vollmond ist eine kraftvolle, transformative Phase, die mehr Energie und Erleuchtung bringt.
Sie haben einen tiefgreifenden Einfluss auf unsere Emotionen und Intuitionen; Dies macht sie im Bereich der Lotterieprognose von Bedeutung.

Hier erfahren Sie, wie Sie Vollmondeffekte nutzen können, um Ihre Lottoergebnisse zu verbessern:

1.	Verstärken Sie die Intuition: Der Vollmond verbessert unsere intuitiven Fähigkeiten und bringt verborgene Ideen an die Oberfläche. Achte genau auf deine Träume, Gefühle und Synchronizitäten rund um den Vollmond. Vertrauen Sie Ihrem Instinkt, wenn Sie Zahlen auswählen oder lotteriebezogene Entscheidungen treffen. Die fortschrittliche visuelle Führung führt Sie zu den richtigen Entscheidungen und erhöht Ihre Erfolgschancen.

2.	Befreiung und Befreiung: Der Vollmond symbolisiert auch die Befreiung und Trennung von dem, was man nicht mehr braucht. Verwenden

Sie diese Phase, um negative Energie, Zweifel oder Anhaftung an ein bestimmtes Lotterieergebnis loszulassen. Gib dich dem natürlichen Fluss des Universums hin und vertraue darauf, dass die richtige Gelegenheit mit der heiligen Zeit in Einklang gebracht wird.

Die geheimnisvolle Kraft der Sonnenfinsternisse:

Sonnen- und Mondfinsternisse haben eine faszinierende transformative Energie, die die Lotterieergebnisse erheblich beeinflussen kann.
Diese himmlischen Ereignisse symbolisieren einen mächtigen Wandel und bringen große Veränderungen mit sich.
Hier erfahren Sie, wie Sie die mysteriöse Kraft von Sonnenfinsternissen nutzen können, um Ihre Lotterievorhersagen zu beeinflussen:

1.   Sonnenfinsternis: Sonnenfinsternisse stehen für Neuanfänge und Transformationschancen. Jetzt ist der perfekte Zeitpunkt, um Ihre Lotteriestrategie oder Ihren Ansatz zu ändern. Verwenden Sie die Finsternisenergie, um Ihre Absichten zurückzusetzen und sie mit dem gewünschten Ergebnis der Lotterie in Einklang zu bringen. Mache Visualisierungsübungen, die sich auf den Erfolg deiner Ziele konzentrieren.

2.   Mondfinsternis: Eine Mondfinsternis deutet auf einen Höhepunkt und das Auslösen von Stimmungsmustern oder Hindernissen hin. Sie bieten Gelegenheiten für tiefes persönliches und spirituelles Wachstum. Nutze die

Energie der Mondfinsternis, um über emotionale Bindungen oder einschränkende Überzeugungen nachzudenken, die deinen Erfolg behindern könnten. Lass sie los und lade positive Energie und Fülle in dein Leben ein.

Praktischer Leitfaden:

Die Macht der Mondsichel, des Vollmondes und der Sonnenfinsternis, den Ausgang der Lotterie zu beeinflussen, darf nicht unterschätzt werden.
Wenn du die einzigartigen Energien und Möglichkeiten verstehst, die sich in diesen himmlischen Ereignissen bieten, kannst du deine Absichten, Einsichten und Strategien mit den kosmischen Kräften in Einklang bringen, die am Werk sind.

Setzen Sie sich bei Neumond starke Absichten, nehmen Sie eine Fülle-Denkweise an und stellen Sie sich Ihren Lottoerfolg vor.
Verstärken Sie Ihre Intuition und verlassen Sie sich während des Vollmondes auf Ihre innere Führung und lassen Sie negative Energie oder Anhaftungen los.
Nutzen Sie die transformative Energie von Sonnenfinsternissen, um Veränderungen einzuleiten und emotionale Barrieren zu lösen, die den Lotterieerfolg behindern können.

Mondphasen und -zyklen: Nutzen Sie die Energie des Mondes, um Ihre Gewinnchancen zu erhöhen

Die Mondphasen verstehen:

Der Mond durchläuft mehrere Phasen, von denen jede ihre eigene einzigartige Energie und potenzielle Auswirkungen auf den Ausgang der Lotterie hat.

Indem Sie diese Phasen verstehen und anpassen, können Sie die Energie des Mondes nutzen und Ihre Gewinnchancen erhöhen.

1.   Neumond: Der Neumond markiert den Beginn des Mondzyklus, wenn der Mond am Nachthimmel unsichtbar ist. Dieser Schritt stellt einen Neuanfang und eine neue Chance dar. Dies ist der perfekte Zeitpunkt, um Ihre Absichten zu definieren und den Erfolg Ihrer Lotterie zu visualisieren. Konzentrieren Sie sich bei Neumond auf das gewünschte Ergebnis, stellen Sie sich einen Gewinn vor und setzen Sie klare Absichten für die Zahlen, die Sie spielen möchten.

2.   Neumond: Der Neumond ist die Zeit zwischen Neumond und Vollmond. Er steht für Wachstum, Expansion und Dynamik. Mit zunehmender Helligkeit des Mondes steigt auch das Potenzial, Ihre Lotteriewünsche zu präsentieren. Nutzen Sie die Wachstumsphase, um Informationen zu sammeln, Muster zu studieren und Ihre digitale Sortierstrategie zu verfeinern. Machen Sie herausfordernde Schritte, um Ihre Ziele zu erreichen, und bleiben Sie positiv, während Sie sich auf die nächste Lotterieziehung vorbereiten.

3.   Vollmond: Der Vollmond ist eine Zeit erhöhter Energie und Erleuchtung. Es symbolisiert den Gipfel der Leistung, Klarheit und Spitze. Vollmondenergie ist mächtig und kann Ihre intuitiven Fähigkeiten und Ihre Entscheidungsfähigkeit verbessern. Verwenden Sie diesen Schritt, um Ihren Instinkten zu vertrauen, Ihren Instinkten zu folgen und fundierte

Entscheidungen bei der Auswahl von Lottozahlen zu treffen. Vollmondenergie kann sich an Ihren Absichten ausrichten und Ihre Gewinnchancen erhöhen.

4.   Abnehmender Mond: Der abnehmende Mond ist der Zeitraum zwischen Vollmond und Neumond. Es steht für Befreiung, Loslassen und Aufräumen, was nicht mehr serviert wird. An diesem Punkt ist es wichtig, alle Zweifel, Ängste oder negativen Überzeugungen loszulassen, die Ihren Erfolg in der Lotterie behindern könnten. Lasst die Anhaftung an ein bestimmtes Ergebnis los und erliegt dem natürlichen Fluss des Universums. Lassen Sie Ihre Energie frei, üben Sie sich in Dankbarkeit und bleiben Sie positiv, während Sie sich auf den nächsten Mondzyklus vorbereiten.

Verwenden Sie das Mondzeichen:
Neben den Mondphasen spielt auch die Mondkonstellation eine Rolle, um die Energie des Mondes für den Lottoerfolg nutzbar zu machen. Jedes Mondzeichen steht für unterschiedliche Qualitäten und Einflüsse, die Ihr Glück beeinflussen können. Hier sind einige allgemeine Merkmale, die mit jedem Mondzeichen verbunden sind:

1.   Mond in Widder: energisch, sicher und wettbewerbsfähig. Verwenden Sie den Widder-Mond, um Ihre Entschlossenheit zu inspirieren und kalkulierte Risiken einzugehen, während Sie Lotto spielen.

2.   Toro Luna: bodenständig, geduldig und fokussiert. Nutzen Sie die Energie des Stiermondes,

um die Konsistenz aufrechtzuerhalten, Ihre Strategie beizubehalten und geduldig auf das gewünschte Ergebnis zu warten.

3. Mond in Zwillinge: neugierig, anpassungsfähig und analytisch. Mond in Zwillinge ermutigt Sie, verschiedene Möglichkeiten zu erkunden, Zahlen auszuwählen, Informationen zu sammeln und Lotterievorhersagemuster zu analysieren.

4. Der Krebsmond: intuitiv, nährend, emotional sensibel. Vertrauen Sie Ihrem Instinkt und hören Sie auf Ihren Instinkt, wenn Sie Lottozahlen unter dem Einfluss des Krebsmondes auswählen.

5. Löwe-Mond: selbstbewusst, kreativ, begeisterungsfähig. Nehmen Sie die Energie des Löwe-Mondes an und bringen Sie Leidenschaft und Optimismus in Ihre Lotteriebemühungen. Vertraue deinem Glück und lass dein inneres Licht leuchten.

6. Mond in Jungfrau: Liebe zum Detail, Praktikabilität und Analyse Jungfrau Mond erfordert die Liebe zum Detail, die Analyse von Daten und die Anwendung systematischer Methoden bei der Zahlenauswahl.

7. Waage Mond: Gleichgewicht, Diplomatie und Kooperation. Nutzen Sie die Energie des Waage-Mondes, um Harmonie und Gleichgewicht in Ihrer Lotteriestrategie zu suchen. Erwägen Sie, an Gruppenspielen teilzunehmen oder Partnerschaften einzugehen, um Ihre Gewinnchancen zu erhöhen.

8.   Mond in Skorpion: intensiv, intuitiv und transformativ. Nutzen Sie die transformative Energie des Skorpion-Mondes und tauchen Sie ein in die esoterische Praxis, vertrauen Sie Ihren Instinkten und entdecken Sie versteckte Ideen, die Ihre Lotterievorhersagen leiten können.

9.   Mond in Schütze: abenteuerlustig, optimistisch und offen. Nehmen Sie die Energie des Mondes in Schütze an, gehen Sie mutige Risiken ein, erkunden Sie neue Strategien und bleiben Sie positiv auf Ihrer Lotteriereise.

10.   Mond im Steinbock: ehrgeizig, selbstdiszipliniert und pragmatisch. Der Steinbock-Mond ermutigt Sie, die Lotterie mit strategischem Denken anzugehen, sich langfristige Ziele zu setzen und sich auf Ihren Weg zum Erfolg zu konzentrieren.

11.   Wassermann-Mond: Innovation, Unabhängigkeit, Wissen Nutzen Sie die Mondenergie des Wassermanns, um über den Tellerrand hinauszuschauen, unkonventionelle Strategien auszuprobieren und technologische Fortschritte in Ihre Lotterievorhersagen einzubeziehen.

12.   Mond in Fische: intuitiv, verträumt und mitfühlend. Genießen Sie die intuitive Weisheit des Fische-Mondes, vertrauen Sie Ihren Träumen und Ihrer inneren Führung und durchdringen Sie Ihre Lotteriereise mit Mitgefühl und Positivität.

Praktischer Leitfaden:

Die Nutzung der Energie des Mondes erhöht Ihre Gewinnchancen im Lotto erheblich.
Indem du die verschiedenen Mondphasen kennst und seine Energien organisierst, kannst du Absichten setzen, inspirierende Handlungen ausführen und einschränkende Glaubenssätze oder negative Energie loslassen.
Darüber hinaus kann die Einbeziehung des Einflusses des Mondzeichens zusätzliche Informationen und Anleitungen für Ihre Lotteriereise liefern.

KAPITEL 8: DER AUFGEHENDE STERN; UNTERSUCHEN SIE DIE BEDEUTUNG VON AUFSTEIGENDEN UND AUFSTEIGENDEN SYMBOLEN IN LOTTERIEVORHERSAGEN.

Verstehen Sie die aufsteigende und aufsteigende Reihenfolge:

Das aufsteigende Zeichen, auch aufsteigendes Zeichen genannt, ist das Tierkreiszeichen, das genau im Moment seiner Geburt am östlichen Horizont aufgeht.
Es repräsentiert die Maske, die du trägst, und das Bild, das du auf die Welt projizierst.
Im Zusammenhang mit Lotterievorhersagen spielt das aufsteigende Zeichen eine wichtige Rolle bei der Beeinflussung Ihrer Herangehensweise, Ihres Verhaltens und Ihres potenziellen Erfolgs. Lassen Sie uns aufsteigende Symbole und ihre Eigenschaften untersuchen:

Aufstieg Widder:

Wenn Sie einen aufstrebenden Widder haben, haben Sie eine wettbewerbsorientierte und furchtlose Natur.
Sie nähern sich der Lotterie mit Abenteuerlust, freuen sich auf Abenteuer und mutige Entscheidungen.
Ihr Selbstvertrauen und Ihre Entschlossenheit können Sie zu einem günstigen Ergebnis führen.
Erwägen Sie, Führungs- und Vitalitätszahlen zu wählen, die der wachsenden Energie des Widders entsprechen.

Der Stier ist auf dem Vormarsch:

Mit dem Aufstieg des Stiers haben Sie eine praktische und geduldige Herangehensweise an die Lotterie.
Sie verlassen sich auf Ihre Ausdauer und Ihre ständige Entschlossenheit, Ihre Wünsche auszudrücken.
Stier-aufsteigende Individuen fühlen sich von Zahlen

angezogen, die mit Fülle und materieller Stabilität verbunden sind.

Erwägen Sie, Zahlen zu wählen, die Ihrer Liebe zu Luxus und finanzieller Sicherheit entsprechen.

Aufsteigende Zwillinge:

Gemini Risers geht die Lotterie mit einer analytischen und anpassungsfähigen Denkweise an.

Du erkundest gerne Modelle, recherchierst Strategien und probierst verschiedene Ansätze aus.

Zwillinge, aufsteigende Individuen, werden von Zahlen angezogen, die mit Kommunikation und Intelligenz zu tun haben.

Beteiligen Sie sich an digitalen Auswahltechniken, die Flexibilität und Erkundungscharakter ermöglichen.

Krebs ist auf dem Vormarsch:

Wenn Sie Krebs haben, gehen Sie mit Sensibilität und Intuition an die Lotterie heran.

Deine tiefe Verbindung zu Emotionen und Intuition leitet deine Entscheidungen.

Menschen mit steigenden Krebsraten fühlen sich von der Ernährung und der Anzahl der Familien angezogen.

Erwägen Sie, Zahlen zu wählen, die einen sentimentalen Wert haben oder Ihre emotionale Verbindung zur Lotterie widerspiegeln.

Löwe auf dem Vormarsch:

Mit dem Aufstieg des Löwen strahlen Sie Selbstvertrauen und Charisma aus.

Seine reale Präsenz glänzt auf dem Gebiet der

Lotterievorhersagen.
Löwe-Aszendenten glauben an ihr Glück und atmen Magnetismus.
Sie fühlen sich von den Zahlen angezogen, die mit Erfolg und Selbstverwirklichung verbunden sind.
Zeigen Sie Ihren Mut und Charme bei der Auswahl von Zahlen.

Jungfrau aufsteigend:

Die Jungfrau nähert sich der Lotterie mit Akribie und Liebe zum Detail. Sein analytisches Denken und seine Liebe zum Detail leiten seine Strategie.
Aufstrebende Virginianer werden von den Zahlen angezogen, die mit Ordnung und Organisation verbunden sind.
Verwenden Sie statistische Analysen, historische Daten und Mustererkennung, um den Zahlenauswahlprozess zu verbessern.

Die Waage hat den Wind in den Segeln:

Wenn Ihre Waage steigt, gehen Sie mit dem Wunsch nach Gleichgewicht und Harmonie an die Lotterie heran. Gedeihen Sie in Situationen, in denen es um Vereinigungen oder Gruppenspiele geht.
Waage-wachsende Menschen fühlen sich von Zahlen angezogen, die mit Schönheit und Liebe in Verbindung gebracht werden. Erwägen Sie, Zahlen zu wählen, die Ihre Wertschätzung für Symmetrie und Ästhetik widerspiegeln.

Der Skorpion erhebt sich:

Skorpione gehen mit Intensität und Intuition an die Lotterie heran.

Sie haben keine Angst, in die esoterische Praxis einzutauchen und Ihren Instinkten zu vertrauen.

Die Vorfahren des Skorpions fühlen sich von Zahlen angezogen, die mit Mysterium und Macht in Verbindung gebracht werden. Nehmen Sie an Übungen teil, um Ihre intuitiven Fähigkeiten zu verbessern und den Zahlenauswahlprozess zu leiten.

Der Schütze ist auf dem Vormarsch:

Mit dem Aufstieg des Schützen verkörpern Sie Abenteuergeist und Optimismus.

Vertrauen Sie auf Ihr Glück und ergreifen Sie neue Chancen.

Aufstrebende Menschen in Schütze werden von den Zahlen angezogen, die mit Reisen und persönlichem Wachstum verbunden sind.

Erwägen Sie, Zahlen zu wählen, die Ihrem Wunsch entsprechen, zu erkunden und zu erweitern.

Steinbock Aufstieg:

Capricorn-Aufzüge gehen mit Ehrgeiz und strategischem Denken an die Lotterie heran.

Sie setzen auf langfristige Planung und eine disziplinierte Vorgehensweise, um Ihre Erfolgschancen zu erhöhen.

Steinbock-Aszendenten werden von den Zahlen angezogen, die mit Stabilität und Erfolg verbunden sind.

Erwägen Sie, Zahlen zu wählen, die Ihre Entschlossenheit und Ihren Wunsch nach Erfolg widerspiegeln.

Wassermann Aszendent:

Wenn Ihr Wassermann auf dem Vormarsch ist, werden Sie mit einer innovativen und unabhängigen Denkweise an die Lotterie herangehen.
Du probierst gerne unkonventionelle Strategien aus und erkundest neue Möglichkeiten. Individuen, die zum Wassermann aufsteigen, werden von den Zahlen angezogen, die mit Fortschritt und sozialem Fortschritt verbunden sind.
Nehmen Sie ihre einzigartige Perspektive ein und integrieren Sie technologische Fortschritte in Ihren Nummernauswahlprozess.

Aufgehende Fische:

Wenn Fische aufsteigen, besitzen Sie eine verträumte und mitfühlende Natur.
Ihre tiefe Einsicht und Verbindung mit Ihrem Unterbewusstsein bestimmen Ihre Lotterievorhersagen.
Das aufsteigende Individuum der Fische wird von Zahlen angezogen, die mit Spiritualität und innerer Intelligenz zu tun haben.
Vertrauen Sie bei der Auswahl von Zahlen Ihren Träumen und intuitiven Ideen.

Praktischer Leitfaden:

Das aufsteigende oder aufsteigende Horoskop hat einen erheblichen Einfluss auf Ihre Herangehensweise an die Lotterie und Ihre Erfolgschancen.
Verstehen Sie die Eigenschaften Ihres aufsteigenden Zeichens und richten Sie Ihre numerischen

Selektionsstrategien und -methoden auf die damit verbundenen Energien aus.

Jedes aufsteigende Sternzeichen hat seine eigenen einzigartigen Stärken und Qualitäten, die es Ihnen ermöglichen, sie auf der Suche nach Glück in der Lotterie zu nutzen.

Denken Sie daran, dass Astrologie ein mächtiges Werkzeug ist, aber sie geht Hand in Hand mit Ihren Absichten, Handlungen und Ihrer Stimmung.

Aufgehender Stern: Aufdeckung verborgener Potenziale und Talente, die mit bestimmten aufsteigenden Zeichen verbunden sind

Widder auf dem Vormarsch: Kriegergeist

Die Vorfahren des Widders besitzen einen Kriegergeist. Sie haben die angeborene Fähigkeit, mutig und leidenschaftlich in Bezug auf Verantwortung und Führung zu sein.

Sein natürliches Selbstvertrauen und seine Initiative machen es zu einem erbitterten Konkurrenten im Lotteriebereich.

Nutzen Sie Ihre Pionierkraft und Ihren Mut, Herausforderungen zu meistern und kalkulierte Risiken einzugehen.

Ihr Erfolgspotenzial liegt in Ihrer Fähigkeit, Ihren Instinkten zu vertrauen, schnelle Entscheidungen zu treffen und unerschütterliches Vertrauen in Ihre Lotteriebemühungen zu bewahren.

Aufsteigender Stier: ein solides Fundament

Mit dem Aufstieg des Stiers haben Sie ein solides

und stabiles Fundament, das Stabilität in Ihre Lotterieaktivitäten bringt.

Sein Pragmatismus, seine Geduld und seine Zielstrebigkeit sind sein größtes Kapital.

Nutzen Sie Ihre unerschütterliche Konzentration und Ausdauer, um Ihre Lotteriewünsche auszudrücken.

Ihre Fähigkeit, Risiken zu analysieren und zu bewerten, kann Ihnen helfen, fundierte Entscheidungen über digitale Optionen und Strategien zu treffen.

Seien Sie zuversichtlich, dass Sie in der Lage sind, Reichtum und finanzielle Sicherheit anzuziehen, und lassen Sie sich von Ihrem soliden Fundament zum Sieg führen.

Zwillinge auf dem Vormarsch: Meister der Kommunikation

Zwillinge, aufsteigende Individuen, sind mit einer Gabe für Kommunikation und Anpassungsfähigkeit ausgestattet.

Ihre Fähigkeit, Informationen zu sammeln, Muster zu analysieren und effektiv zu kommunizieren, kann Ihre Lotterievorhersagen erheblich verbessern. Lassen Sie Ihrer natürlichen Neugier und Vielseitigkeit freien Lauf, um verschiedene digitale Optionen, Technologien und Strategien zu erkunden.

Seine Kommunikationsgabe ermöglicht es ihm, Ideen auszutauschen, mit anderen zusammenzuarbeiten und wertvolle Informationen zu gewinnen.

Nutzen Sie Ihr Charisma, Ihren Witz und Ihre intellektuellen Fähigkeiten, um sich in der Welt der Lotterievorhersagen zurechtzufinden und Ihre Erfolgschancen zu erhöhen.

Krebs ist auf dem Vormarsch: Intuitive Ernährungsberater

Wenn der Krebs zunimmt, besitzen Sie eine tiefe Einsicht und emotionale Sensibilität.

Ihre Fähigkeit, sich mit Ihren Emotionen und unsichtbaren Bereichen zu verbinden, kann Sie bei Ihren Lotterievorhersagen leiten.

Nehmen Sie Ihre pädagogische Natur an und vertrauen Sie Ihren Instinkten.

Seine intuitiven Informationen können wertvolle Ratschläge bei der Auswahl von Zahlen oder der Entscheidungsfindung geben.

Achte auf die subtilen Anzeichen und Gefühle, die in dir erscheinen, denn sie könnten der Schlüssel sein, um gewinnbringende Ergebnisse zu erzielen.

Lassen Sie Ihr mitfühlendes Herz und Ihren nährenden Geist Ihren Weg zum Lottoerfolg erleuchten.

Löwe auf dem Vormarsch:

Ein strahlender Künstler
Wer von Löwe abstammt, strahlt Glanz und Charme aus.

Sein natürliches Selbstvertrauen und sein Talent zur Selbstdarstellung machen ihn zu einem Magneten im Lotteriebereich.

Umarmen Sie Ihren inneren Dolmetscher und vertrauen Sie Ihrem Glück.

Ihre Energie und Ihr kreativer Funke können Chancen und positive Ergebnisse anziehen. Nutzen Sie Ihren Charme, Ihr Charisma und Ihre Leidenschaft, um die Aufmerksamkeit des Glücks auf sich zu ziehen und das gewünschte Ergebnis in der Lotterie zu zeigen.

Lassen Sie Ihr Licht leuchten und erleuchten Sie den Weg zum Erfolg.

Jungfrau aufsteigend:

Akribischer Analysator
Mit dem Aufstieg der Jungfrau besitzen Sie eine akribische und analytische Denkweise.
Seine Liebe zum Detail, seine methodische Herangehensweise und sein kritisches Denken sind seine größten Stärken im Bereich der Lotterieprognose. Machen Sie sich den analytischen Charakter zu eigen und verlassen Sie sich auf statistische Analysen, historische Daten und Mustererkennung, um den Zahlenauswahlprozess zu optimieren.
Ihre Fähigkeit, feine Details zu erkennen und Muster zu erkennen, kann Ihnen einen Vorteil bei der Identifizierung erfolgreicher Kombinationen verschaffen.
Vertrauen Sie Ihrer akribischen Analyse und lassen Sie sich von ihrer Genauigkeit leiten, um genaue Vorhersagen zu treffen.

Die Waage hat den Wind in den Segeln:

Harmonische Diplomaten
Waage-Aszendenten haben eine angeborene Begabung für Harmonie, Gleichgewicht und Diplomatie.
Ihre Fähigkeit, Gerechtigkeit, Verständnis und Zusammenarbeit zu suchen, kann Ihre Lotterievorhersagen stark beeinflussen.
Akzeptieren Sie ihren diplomatischen Charakter und beteiligen Sie sich an Partnerschaften oder Gruppenspielen, um Ihre Erfolgschancen zu erhöhen.

Sein ausgeprägter Sinn für Ästhetik und sein Sinn für Schönheit können ihn bei der Auswahl von Zahlen leiten, die mit Harmonie und Ausgewogenheit mitschwingen.
Nutzen Sie Ihr Charisma, Ihr Verhandlungsgeschick und Ihre Fähigkeit, mehrere Perspektiven zu sehen, um sich mit Anmut und Geschick in der Welt der Lotterie zurechtzufinden.

Der Skorpion erhebt sich:

Leistungsstarke Transformatoren
Diejenigen, die sich im Zeichen des Skorpions erheben, besitzen eine starke und transformierende Energie.
Seine tiefe Einsicht, sein Durchhaltevermögen und seine Fähigkeit, in verborgene Bereiche einzutauchen, machen ihn zu einer starken Kraft auf dem Gebiet der Lotterievorhersage. Nehmen Sie Ihren intuitiven Stil an und vertrauen Sie Ihrer Intuition bei der Auswahl von Zahlen.
Deine Fähigkeit, verborgene Ideen zu entdecken und esoterische Praktiken zu erforschen, kann dich zum Sieg führen.
Erlaube dir, dich auf die transformative Lotteriereise einzulassen und vertraue darauf, dass deine starke Energie dich zum gewünschten Ergebnis führen wird.

Der Schütze ist auf dem Vormarsch:

Optimistischer Abenteurer
Mit dem Aufstieg des Schützen verkörpern Sie Abenteuergeist und Optimismus.
Sein Glaube an Glück, Fülle und neue Möglichkeiten treibt seine Lotterievorhersagen an. Lassen Sie Ihrer natürlichen Neugier und Ihrem Entdeckerwunsch freien

Lauf, um einzigartige digitale Entscheidungsstrategien zu entdecken.

Ihr Optimismus und ihr Enthusiasmus ziehen positive Energie und Möglichkeiten an.

Nehmen Sie die Abenteuer der Lotteriereise an, indem Sie mutige Risiken eingehen und eine positive Einstellung bewahren.

Vertraue deiner unermesslichen Natur und lass dich von deinem Abenteuergeist zum Sieg führen.

Steinbock Aufstieg:

Ambitionierter Stratege
Capricorn-Aufzüge haben ehrgeiziges und strategisches Denken.

Seine disziplinierte Herangehensweise, seine langfristige Planung und seine Entschlossenheit machen ihn zu einem starken Spieler im Lotteriebereich.

Nutzen Sie die Praktikabilität und konzentrieren Sie sich auf strategische digitale Sortiertechniken.

Ihre Fähigkeit, sich klare Ziele zu setzen und diese zu erreichen, erhöht Ihre Erfolgschancen.

Glauben Sie an Ihre Fähigkeit, durch diszipliniertes Handeln Stabilität und Erfolg zu demonstrieren, und lassen Sie sich von Ihrem strategischen Denken zum Sieg führen.

Wassermann Aszendent:

Innovative Visionäre
Mit dem Aufstieg des Wassermanns verkörpern Sie den Geist der Innovation und Vision.

Ihre einzigartige Perspektive, ihre unkonventionellen Strategien und ihr technisches Wissen können Ihre

Lotterievorhersagen revolutionieren.

Nehmen Sie Ihre Persönlichkeit an und denken Sie bei der Auswahl von Zahlen über den Tellerrand hinaus.

Beteiligen Sie sich an experimentellen Methoden und integrieren Sie technologische Fortschritte in Ihre Strategie.

Ihre Vision jenseits der Tradition kann zu unerwarteten Entdeckungen und Triumphen führen. Begrüßen Sie Ihre innovative Natur und lassen Sie sich von Ihrer Vision zum Lotterieerfolg führen.

Fische auf dem Vormarsch: intuitiver Träumer

Fische-Aszendenten besitzen eine verträumte und intuitive Natur.

Ihre tiefe Verbindung zum Unterbewusstsein und Ihre spirituelle Wahrnehmung können Ihre Lotterievorhersagen stark beeinflussen.

Nehmen Sie Ihren intuitiven Stil an und verwirklichen Sie Ihre Träume bei der Auswahl von Zahlen.

Lassen Sie sich von Ihrer Vorstellungskraft und Ihrem Mitgefühl zu Zahlen führen, die eine persönliche Bedeutung haben oder Ihre spirituellen Überzeugungen widerspiegeln.

Ihre Fähigkeit, das kollektive Unbewusste anzuzapfen, kann verborgene Botschaften aufdecken und Sie zu siegreichen Ergebnissen führen.

Praktischer Leitfaden:

Die Aufdeckung verborgener Potenziale und Talente, die mit bestimmten aufsteigenden Zeichen verbunden sind, ermöglicht es Ihnen, Ihre einzigartigen Stärken und Fähigkeiten auf dem Gebiet der Lotterievorhersage zu erkunden.

Indem du die Qualitäten, die dir dein aufsteigendes Zeichen verleiht, verstehst und annimmst, kannst du deine Strategien verfeinern, deine angeborenen Talente nutzen und deine Erfolgschancen erhöhen.

Verwenden Sie Strategien, die auf aufsteigenden Konstellationen basieren und mit günstigen kosmischen Energien kompatibel sind.

Aufgehender Widder: Nutze die Gunst der Stunde

Wenn Sie einen aufstrebenden Widder haben, haben Sie einen mutigen und wettbewerbsorientierten Geist.

Um dich auf günstige kosmische Energien auszurichten, nimm deine natürliche Neigung zum Handeln an und nutze den Moment.

Ihre aufsteigende Horoskopstrategie beinhaltet das Eingehen entschlossener und kalkulierter Risiken.

Vertrauen Sie Ihren Instinkten bei der Auswahl von Zahlen und vertrauen Sie Ihren Entscheidungen.

Nehmen Sie die dynamische Energie eines blühenden Widders an und gehen Sie mit einer furchtlosen Einstellung an die Lotterie heran. Ihre Fähigkeit, schnell und entschlossen zu handeln, kann Sie auf die kosmische Energie ausrichten, die Ihrem Erfolg zugrunde liegt.

Aufgehender Stier: Geduld und Ausdauer

Wenn der Stier aufsteigt, haben Sie ein geduldiges und entschlossenes Wesen.

Um sich auf günstige kosmische Energien auszurichten, nehmt ihre innewohnenden Qualitäten von Geduld und Ausdauer an.

Ihre vorgelagerte Horoskopstrategie beinhaltet einen

langfristigen Ansatz für die Lotterie.

Verlassen Sie sich auf Konsistenz und die Kraft der kontinuierlichen Verbesserung.

Nehmen Sie sich die Zeit, Muster zu studieren, historische Daten zu analysieren und den Prozess der Zahlenauswahl zu verfeinern.

Indem du deiner aufsteigenden Stier-Natur treu bleibst, kannst du dich auf die kosmische Energie ausrichten, die Geduld und Ausdauer belohnt.

Gemini Rising: Anpassungsfähigkeit und Vielseitigkeit

Zwillinge aufsteigende Individuen sind anpassungsfähig und vielseitig.

Um sich auf günstige kosmische Energien auszurichten, umarme deine natürliche Neugier und Flexibilität.

Ihre Strategie der aufsteigenden Symbole beinhaltet die Erforschung verschiedener Zahlenauswahltechniken und die Anpassung an neue Ansätze.

Nehmen Sie an der Forschung teil, erforschen Sie verschiedene Methoden und probieren Sie verschiedene Strategien aus. Nutzen Sie die Kraft der Kommunikation, indem Sie andere um Rat und Ideen bitten.

Indem du anpassungsfähig und aufgeschlossen bleibst, kannst du dich auf die kosmischen Energien ausrichten, die Vielseitigkeit und Anpassungsfähigkeit unterstützen.

Krebs ist auf dem Vormarsch: Vertrauen Sie Ihrem Instinkt

Wenn Sie Krebs haben, haben Sie eine tiefe Intuition und emotionale Sensibilität.

Um dich auf die günstige kosmische Energie auszurichten, nimm deine Intuition an und vertraue deiner Intuition.

Ihre Bottom-up-Strategie besteht darin, bei der Auswahl von Zahlen auf Ihre Gefühle zu hören.

Achte auf deine Träume, deine Synchronizität und subtile Hinweise auf das Universum.

Erschaffe einen heiligen Raum, in dem du dich mit deiner Intuition verbinden und Führung erhalten kannst.

Indem du deine aufsteigende Intuition des Krebses respektierst, kannst du dich auf die kosmische Energie ausrichten, die deiner intuitiven Intuition zugrunde liegt.

Leo Rising: Selbstvertrauen und Selbstentfaltung

Mit dem Aufstieg des Löwen strahlen Sie Selbstvertrauen und Charisma aus.
Um dich auf günstige kosmische Energien auszurichten, umarme dein inneres Licht und deinen Selbstausdruck.
Ihre aufsteigende Horoskopstrategie beinhaltet die Entwicklung einer positiven Einstellung und die Ausstrahlung von Selbstvertrauen.
Vertrauen Sie Ihrem Glück und seien Sie leidenschaftlich bei Ihrem Lotteriegeschäft.
Verwenden Sie kreative Visualisierungstechniken, um Ihre Wünsche auszudrücken.
Sagen Sie Danke für Ihre vergangenen Siege und feiern Sie Ihre aktuellen Erfolge.
Durch die Kombination der Energien des Löwe-Aszendenten können Sie sich auf die kosmischen Energien ausrichten, die das Selbstvertrauen und den Selbstausdruck unterstützen.

Besteigung der Jungfrau: analytische Genauigkeit

Aufstrebende Virginianer besitzen eine analytische und präzise Denkweise.

Entsprechend den günstigen kosmischen Energien akzeptiere ihre Liebe zum Detail und zu den Analysemethoden.

Ihre Bottom-up-Strategie beinhaltet eine akribische Analyse von numerischen Mustern, Statistiken und historischen Trends.

Achten Sie auf die kleinsten Details und verwenden Sie einen systematischen Ansatz, um den Prozess der Nummernauswahl zu verfeinern.

Verlassen Sie sich auf die Kraft der methodischen Analyse und Genauigkeit.

Indem du deiner aufsteigenden Natur der Jungfrau treu bleibst, kannst du dich auf kosmische Energien ausrichten, die analytische Genauigkeit belohnen.

Libra Rising: Zusammenarbeit und Harmonie

Wenn Ihre Waage zunimmt, haben Sie eine natürliche Tendenz zur Zusammenarbeit und Harmonie.

Um im Einklang mit den günstigen kosmischen Energien zu bleiben, nehmt ihre diplomatische Natur an und sucht nach Partnerschaften.

Ihre aufsteigende Horoskopstrategie beinhaltet die Teilnahme an Gruppenspielen oder das Eingehen von Allianzen mit anderen. Arbeiten Sie mit Gleichgesinnten zusammen und erhöhen Sie Ihre Erfolgschancen.

Suchen Sie nach Ausgewogenheit und Harmonie bei der Auswahl von Zahlen, berücksichtigen Sie die Ansichten anderer und finden Sie Gemeinsamkeiten.

Indem du den Geist der Zusammenarbeit und Harmonie annimmst, kannst du dich auf die kosmischen Energien ausrichten, die die gemeinsamen Bemühungen unterstützen.

Aufsteigender Skorpion: Intensität und Transformation

Mit dem Auftauchen des Skorpions besitzen Sie eine starke und transformative Energie.
Um dich auf günstige kosmische Energien auszurichten, umarme deine tiefe Einsicht und umarme die Transformation.
Ihre aufsteigende Horoskopstrategie besteht darin, in esoterische Praktiken einzutauchen und Ihre intuitiven Einsichten zu nutzen.
Vertraue bei der Auswahl von Zahlen deinem Instinkt und bleibe offen für deine innere Transformation. Nehmen Sie die Kraft an, loszulassen und alle einschränkenden Überzeugungen oder Ängste loszulassen, die Sie zurückhalten könnten.
Indem du deine zunehmende Intensität im Skorpion annimmst, kannst du dich auf die kosmischen Energien ausrichten, die die tiefgreifenden Transformationen unterstützen.

Schütze auf dem Vormarsch: Optimismus und Abenteuer

Das aufstrebende Individuum des Schützen verkörpert Abenteuergeist und Optimismus.
Um im Einklang mit der günstigen kosmischen Energie zu bleiben, nehmt euren Glauben an Glück und Fülle an. Ihre aufsteigende Horoskopstrategie besteht darin, eine positive Einstellung zu bewahren und sich auf neue Abenteuer einzulassen. Nehmen Sie das Überraschungsmoment bei der Nummernauswahl an.
Erforschen Sie verschiedene Strategien und wagen Sie sich mutig. Spielen Sie mit Abenteuerlust und vertrauen Sie auf die reichen Möglichkeiten, die das Universum

bietet.

Indem du deiner aufsteigenden Natur des Schützen treu bleibst, kannst du dich auf die kosmischen Energien ausrichten, die Optimismus und Abenteuer unterstützen.

Steinbock-Aufstieg: Strategie und Disziplin

Wenn Sie einen Steinbock auf dem Vormarsch haben, haben Sie eine strategische und disziplinierte Denkweise. Um sich auf günstige kosmische Energien auszurichten, akzeptiere ihre Zweckmäßigkeit und langfristige Planung.

Ihre Strategie für ein aufsteigendes Horoskop besteht darin, sich klare Ziele zu setzen und bei der Auswahl Ihrer Zahlen rigoros vorzugehen.

Erstellen Sie eine strukturierte Routine, um Muster zu untersuchen, Daten zu analysieren und Ihre Strategie zu verfeinern.

Er glaubt an die Kraft der Konsequenz und des disziplinierten Handelns. Indem du deine aufsteigende Strategie und Disziplin im Steinbock annimmst, kannst du dich auf die kosmische Energie ausrichten, die direkte Anstrengung belohnt.

Aquarius Rising: Innovation und Einzigartigkeit

Die Entstehung des individuellen Wassermanns verkörpert Innovation und Einzigartigkeit.

Um mit den günstigen kosmischen Energien Schritt zu halten, sollten unkonventionelle Ansätze verfolgt und technologische Fortschritte übernommen werden.

Ihre aufsteigende Horoskopstrategie beinhaltet die Integration innovativer Technologien und den Blick über den Tellerrand in den Zahlenauswahlprozess.

Entdecken Sie neue Strategien, probieren Sie

unkonventionelle Methoden aus und nutzen Sie Technologie, um Ihre Vorhersagen zu verbessern.

Nehmen Sie Ihre Persönlichkeit an und nutzen Sie die Kraft des visionären Denkens.

Indem du deiner aufsteigenden Wassermann-Natur treu bleibst, kannst du dich auf die kosmischen Energien ausrichten, die Innovation und Einzigartigkeit unterstützen.

Fish Rising: Phantasie und Intuition

Wenn die Fische zunehmen, besitzen Sie eine verträumte und intuitive Natur.

Um im Einklang mit der günstigen kosmischen Energie zu bleiben, lassen Sie sich von Ihrer Vorstellungskraft und Intuition inspirieren.

Ihre aufsteigende Horoskopstrategie besteht darin, Ihre kreative Vorstellungskraft zu erforschen und sich auf Ihre intuitiven Ideen zu verlassen.

Verwenden Sie Visualisierungstechniken, um Ihre Wünsche auszudrücken, und hören Sie bei der Auswahl von Zahlen auf ihr intuitives Flüstern.

Nutze die Macht der Symbole und versteckten Botschaften, die sie haben können.

Indem du die wachsende Vorstellungskraft und Intuition der Fische annimmst, kannst du dich auf die kosmischen Energien ausrichten, die deine Vision unterstützen.

Praktischer Leitfaden

Verwenden Sie Bottom-up-Zeichenstrategien, die sich an günstigen kosmischen Energien ausrichten, die spezifisch für Ihre einzigartigen Qualitäten und Stärken sind.

Indem Sie die inhärenten Qualitäten des aufsteigenden

Zeichens in Kombination mit Strategien verstehen, die auf das aufsteigende Zeichen zugeschnitten sind, können Sie Ihre Lotterievorhersage verbessern und Ihre Erfolgschancen erhöhen.

Kombinieren Sie Ihr astrologisches Wissen, Ihre Einsichten, Ihre Personalisierungsstrategien und andere Techniken, die in diesem Buch untersucht werden, um Ihre Fähigkeit zu optimieren, Lotterieergebnisse genau vorherzusagen.

Im nächsten Kapitel tauchen wir ein in die faszinierende Welt der Planetentransite.

KAPITEL 9: ASTROLOGISCHE ZEIT

Erfahren Sie mehr über die Bedeutung des astrologischen Wetters bei der Lotterievorhersage.

Zuerst der kosmische Tanz der Planeten:
Die Astrologie erkennt an, dass Himmelskörper, einschließlich Planeten, ständig am Himmel tanzen.
Jede planetarische Bewegung und Ausrichtung hat ihre eigene Energie und ihren eigenen Einfluss.
Indem du kosmische Tänze lernst und deine Lotterieaktivitäten auf diese himmlischen Rhythmen ausrichtest, kannst du die wohltuende Energie anzapfen, die deinen Erfolg untermauert.

Rückläufigkeit und Transit
Ein Schlüsselaspekt der astrologischen Chronologie ist das Phänomen des rückläufigen Transits. Rückläufig tritt auf, wenn sich ein Planet aus der Perspektive der Erde in seiner Umlaufbahn zu entfernen scheint.
Im Retreat wird die Energie der Erde introspektiver und verinnerlichter.
Ein Transit hingegen bezieht sich auf die aktuelle Position eines Planeten in Bezug auf sein

Geburtshoroskop.

Wenn es um Lotterievorhersagen geht, könnte die Verschlechterung und der Transit von Schlüsselplaneten erhebliche Auswirkungen haben.

Die Rückläufigkeit bietet eine Zeit der Reflexion, Überprüfung und Neubewertung.

Es ist an der Zeit, Ihre Strategie anzupassen, frühere Modelle zu überprüfen und Ihren Ansatz für die digitale Sortierung zu überdenken.

Übergänge hingegen zeigen Ihre aktuellen Planetenpositionen an und wie sie mit Ihrem Geburtshoroskop interagieren.

Durch das Studium dieser Transite können Sie Einblicke in günstige kosmische Energien gewinnen, die mit Ihrer Lotterieaktivität übereinstimmen.

2.   Planetarische Aspekte:

Auch der planetarische Aspekt, der sich auf den Winkel bezieht, in dem sich Planeten zueinander bilden, spielt in der astrologischen Zeit eine wesentliche Rolle.

Jeder Aspekt hat seine eigene Energie und Wirkung.

Einige Aspekte können das Glück und günstige Ergebnisse erhöhen, während andere Herausforderungen oder Hindernisse darstellen können.

Indem Sie sich über planetarische Aspekte und deren Auswirkungen auf die Horoskopkarte informieren, können Sie Lotterieereignisse so planen, dass sie sich an den vorteilhaftesten planetarischen Auswirkungen ausrichten.

Zum Beispiel kann die günstige Erscheinung zwischen Mond und Venus auf eine Zeit größeren Glücks und Harmonie hinweisen, was es zu einem guten Zeitpunkt macht, Lotto zu spielen.

In ähnlicher Weise kann die Einbeziehung der vorteilhaften Aspekte von Jupiter, expandierenden und reichlich vorhandenen Planeten, Ihre Erfolgschancen erhöhen.

Indem Sie die planetaren Aspekte erforschen und den perfekten Zeitpunkt für die Teilnahme an der Lotterieveranstaltung wählen, können Sie Ihre Chancen maximieren und Ihre Lotterievorhersage verbessern.

3.   Mond- und Sonnenfinsternisse:

Mond- und Sonnenfinsternisse haben in der Astrologie eine große Bedeutung und können einen großen Einfluss auf die Lotterievorhersagen haben.

Sonnenfinsternisse markieren eine Zeit der Stärkung und Umwandlung von Energie.

Mondfinsternisse treten während der Vollmondphase auf, wenn der Erdschatten den Mond verdeckt, während Sonnenfinsternisse während der Neumondphase auftreten, wenn der Mond die Sonne verdeckt.

Während einer Sonnenfinsternis nimmt die kosmische Energie zu und das Potenzial für tiefgreifende Veränderungen und Entdeckungen wird verstärkt.

Sonnenfinsternisse sind mächtige Tore zu Veränderungen und Chancen.

Indem Sie sich auf die Finsternis und ihre Ausrichtung auf die Horoskopkarte konzentrieren, können Sie diese verstärkte Energie zu Ihrem Vorteil nutzen.

Beteiligen Sie sich in diesen kraftvollen Zeiten an tiefer Reflexion, entwickeln Sie starke Absichten und ergreifen Sie zum Nachdenken anregende Maßnahmen, um Ihre Lotteriebemühungen mit der transformativen Energie der Sonnenfinsternis in Einklang zu bringen.

4.   Personalisierter Zeitplan:

Während allgemeine astrologische Ratgeber wertvolle Informationen liefern, ist es wichtig, Ihr einzigartiges Horoskop und die Position der einzelnen Planeten zu berücksichtigen.
Ihr Horoskop enthält Blaupausen Ihrer Lebensenergie, und bestimmte Ausrichtungen und planetarische Aspekte können einen stärkeren Einfluss auf Ihre Vorhersagen und Ihren Lotteriekalender haben.

Um eine benutzerdefinierte Zeit für ein Lotterieereignis zu bestimmen, wenden Sie sich an einen erfahrenen Astrologen oder verwenden Sie eine fortschrittliche Astrologiesoftware, um Ihr Horoskop zu analysieren und Informationen über den günstigsten Zeitpunkt für das Lotterieereignis bereitzustellen.
Berücksichtigen Sie Faktoren wie Transite von Schlüsselplaneten, Aspekte, die Glücksplaneten wie Jupiter betreffen, und die Ausrichtung von Finsternissen auf astrologische Horoskope.

Neben der astrologischen Zeit ist es entscheidend, auf deine Intuition zu hören und deiner inneren Führung zu vertrauen.
Ihre Intuition kann wertvolle Informationen liefern und Sie dazu bringen, zum richtigen Zeitpunkt zu handeln.
Achten Sie auf Synchronizität, Träume und Gefühle, die Sie zum günstigen Moment der Lotterievorhersage führen können.

5.   Zeit und Absicht:

Bei der astrologischen Zeit geht es nicht nur darum, den richtigen Zeitpunkt für das Lottospielen zu wählen. Es geht auch darum, deine Absichten mit kosmischer Energie in Einklang zu bringen.

Bevor Sie an einer Lotterieveranstaltung teilnehmen, nehmen Sie sich die Zeit, eine klare Absicht zu setzen und das gewünschte Ergebnis zu visualisieren. Indem du deine Absichten mit kosmischer Energie in Einklang bringst, kannst du eine kraftvolle Synergie schaffen, um deine Bemühungen zu unterstützen.

Es ist wichtig zu beachten, dass das astrologische Wetter keinen Lottogewinn garantiert.

Es verbessert Ihr Verständnis kosmischer Einflüsse und leitet Sie an, wann Sie an Lotterieveranstaltungen teilnehmen sollten.

Letztendlich spielen ihr Verhalten, ihre Mentalität und ihre Zufallsfaktoren eine wichtige Rolle bei der Bestimmung der Ergebnisse.

Astrologie ist ein Werkzeug, das sich auf die kosmischen Energien ausrichtet, die Ihren Erfolg fördern.

Praktischer Leitfaden:

Das Verständnis der Bedeutung des Wetters bei der Lotterievorhersage ist ein Schlüsselaspekt, um das Potenzial der Astrologie optimal zu nutzen.

Indem Sie Ihre Lotterieaktivitäten auf himmlische, rückläufige Rhythmen, Transite, planetarische Aspekte und Finsternisenergien ausrichten, können Sie die günstige kosmische Energie anzapfen, die Ihrem Erfolg zugrunde liegt.

Denken Sie daran, Ihr Horoskop als einzigartig zu betrachten und einen Astrologieexperten zu konsultieren, um personalisierte Wetterinformationen zu erhalten.

KAPITEL 10: ERFORSCHE DIE PLANETENZYKLEN, DEN FORTSCHRITT UND DEN TRANSIT, DIE AN DER STRATEGISCHEN LOTTERIE BETEILIGT SIND.

1.	Planetarische Periode:

Planetenzyklen spielen in der Astrologie eine wichtige Rolle und liefern wertvolle Informationen über Ebbe und Flut der kosmischen Energie.

Jeder Planet hat seine eigene spezifische Periode, die seine Reise durch den Tierkreis und seine Rückkehr zu seinem ursprünglichen Standort anzeigt.

Durch das Befolgen dieser Zyklen können Perioden mit hoher Energie für einen bestimmten Planeten identifiziert werden, wodurch der richtige Zeitpunkt für die Teilnahme an der Lotterie geschaffen wird.

Der Zyklus von Jupiter zum Beispiel dauert etwa 12 Jahre und markiert eine wichtige Periode der Ausdehnung, des Überflusses und des Glücks.

Nach der Rückkehr von Jupiter steigt die Wahrscheinlichkeit eines günstigen Lotterieergebnisses, wenn Jupiter mit seiner Geburtsposition in seinem Geburtshoroskop übereinstimmt. Betrachten Sie diese Zeit als eine glückliche Zeit und nutzen Sie die Gelegenheiten, die sich Ihnen bieten.

In ähnlicher Weise erstreckt sich der Saturn-Zyklus über etwa 29 Jahre und symbolisiert langfristige Lektionen, Disziplin und Belohnungen.

Beachten Sie den Transit und die Entwicklung von Saturn im Geburtshoroskop, um den Zeitraum zu bestimmen, in dem Ihre Lotteriebemühungen wahrscheinlich Früchte tragen werden.

Wenn Sie Ihre Teilnahme an der Lotterie mit der unterstützenden Energie von Saturn in Einklang bringen, kann dies zu großartigen Preisen und dauerhaftem Erfolg führen.

2.	Reihenfolge:

Fortschritte in der Astrologie beziehen sich auf den symbolischen Verlauf Ihres Geburtshoroskops im Laufe der Zeit.

Während die Planeten ihre Reise fortsetzen, bewegen sich

ihre ursprünglichen Sterne vorwärts, offenbaren neue Aspekte ihres Potenzials und beeinflussen verschiedene Bereiche ihres Lebens.

Der fortgeschrittene Aspekt kann wertvolle Informationen über die günstige Zeit der Teilnahme an der Lotterie liefern.

Durch die Analyse des Fortschritts von Schlüsselplaneten wie Jupiter, Venus und Mond können Sie die Zeiträume, in denen die energetische Ausrichtung zu Ihren Gunsten wirkt, besser verstehen. Die progressiven Aspekte, die diese Planeten betreffen, können auf bessere Zeiten und positive Lotterieergebnisse hindeuten.

Betrachten Sie diese Zeiträume als die Chancen, den Lottoerfolg zu maximieren.

3.   Transit:

Transite – die aktuellen Positionen der Planeten in Bezug auf ihr Geburtshoroskop – geben wertvolle Einblicke in die Rolle der kosmischen Energie in Ihrem Leben.

Indem Sie sich auf Transite konzentrieren, insbesondere auf solche, an denen Glücksplaneten wie Jupiter und Venus beteiligt sind, können Sie Ihre Teilnahme an der Verlosung strategisch planen.

Wenn zum Beispiel Jupiter mit seinem Planeten oder Geburtshorn eine harmonische Erscheinung bildet, bedeutet dies eine Zeit des erhöhten Glücks und günstiger Gelegenheiten.

Kombinieren Sie Ihre Lotterieaktivitäten mit diesen verheißungsvollen Crossovers, um Ihre Erfolgschancen zu erhöhen. Die Venus ist ein wunderschöner und reicher Planet, und sie kann auch positive Auswirkungen haben, wenn sie mit ihrem Mutterstern wohltuende Aspekte ausbildet. Nutzen Sie diese Momente zu Ihrem Vorteil und nehmen Sie mit Zuversicht an der Lotterie teil.

4.   Nehmen Sie an der strategischen Verlosung teil:

Um strategisch an der Lotterie teilnehmen zu können, ist es unerlässlich, das Wissen über Planetenzyklen, Fortschritt und Transite zu kombinieren.

Indem Sie Ihre Lotterieaktivitäten auf die günstigen kosmischen Energien ausrichten, die durch diese astrologischen Faktoren angezeigt werden, können Sie Ihre Erfolgschancen erhöhen.

Beginnen Sie damit, den Zyklen von Jupiter, Saturn und anderen großen Planeten im Geburtshoroskop zu folgen.

Beachten Sie die Perioden, in denen diese Planeten mit ihren Geburtspositionen übereinstimmen oder günstige Aspekte bilden, die auf potenzielle Gelegenheiten für günstige Ergebnisse hinweisen.

Nehmt diese Perioden als ein Fenster kosmischer Unterstützung an und nutzt den Moment, um an der Lotterie teilzunehmen.

Beachten Sie auch den Fortschritt und den Transit, an dem glückliche Planeten wie Jupiter und Venus beteiligt sind.

Diese Momente bieten maximales Glück und reichlich Potenzial, was es zu einem idealen Zeitpunkt macht, um an strategischen Verlosungen teilzunehmen.

Integrieren Sie diese Zeiträume in Ihre Lotteriestrategie und maximieren Sie Ihre Chancen.

Integrieren Sie die Horoskopzeit in Ihre

5.   Lotterie-Strategie:

Um die astrologische Zeit effektiv in Ihrer Lotteriestrategie zu nutzen, sollten Sie die folgenden Schritte in Betracht ziehen:

Studieren Sie Ihr Geburtshoroskop: Werfen Sie einen Blick auf Ihren Planeten, Ihr Zuhause und Aspekte der Geburt. Identifiziere wichtige Planeten, die Glück, Überfluss und finanzielle Probleme beeinflussen, wie Jupiter und Venus.

Verfolgen Sie Planetenzyklen: Überwachen Sie die Zyklen wichtiger Planeten wie Jupiter und Saturn. Notieren Sie sich die Zeiträume, in denen sie mit dem Geburtsort im Geburtshoroskop zusammenfallen, da diese Zeiten das Potenzial haben, zu mehr Glück und positiven Ergebnissen zu führen.

Analytische Fortschritte: Erforschen Sie die progressiven Aspekte von Glücksplaneten im Geburtshoroskop. Wenn diese Planeten mit ihren Planeten- oder Geburtshörnern harmonische Aspekte bilden, seien Sie vorsichtig, da diese Perioden die günstige Energie der Teilnahme an der Lotterie anzeigen.

Achten Sie auf glücksverheißende Transite: Halten Sie Ausschau nach aktuellen Transiten von Glücksplaneten wie Jupiter und Venus. Wenn diese Planeten mit ihren Muttersternen vorteilhafte Aspekte bilden, markiert dies eine Periode größeren Glücks. Richten Sie Ihre Lotterieaktivitäten auf diese Crossover aus, um Ihre Erfolgschancen zu erhöhen.

Vertraue deinem Instinkt: Auch wenn das astrologische

Wetter wertvolle Ratschläge gibt, solltest du immer auf deinen Instinkt hören. Achten Sie auf Synchronizität, Träume und Gefühle, die Sie zum günstigen Moment der Teilnahme an der Lotterie führen können. Vertraue deiner inneren Weisheit, wenn du Entscheidungen triffst, die mit kosmischer Energie übereinstimmen.

Kombinieren Sie die Zeit mit anderen Strategien: Die astrologische Zeit ist nur ein Teil des Puzzles. Kombinieren Sie dies mit den benutzerdefinierten Strategien, digitalen Sortiertechniken und anderen Tools, die in diesem Buch untersucht werden. Durch die Integration mehrerer Methoden können Sie eine umfassende und leistungsstarke Lotteriestrategie erstellen.

Praktischer Leitfaden:
Das astrologische Wetter, einschließlich Planetenzyklen, Progression und Transite, ist ein unschätzbares Werkzeug für die Teilnahme an der strategischen Lotterie.
Indem Sie Ihre Lotterieaktivitäten auf die kosmische Energie ausrichten, die durch diese astrologischen Faktoren angezeigt wird, können Sie Ihre Erfolgschancen erhöhen.

Vergessen Sie nicht, Ihr Geburtshoroskop zu studieren, Planetenzyklen zu verfolgen, den Fortschritt zu analysieren und die glückverheißenden Transite der Glücksplaneten zu beobachten.
Kombinieren Sie dieses Wissen mit Ihrer Intuition und anderen Lotteriestrategien, um einen umfassenden Ansatz zu erstellen.
Die Astrologie kann Ihnen als Leitfaden dienen, um kosmische Einflüsse zu verstehen und fundierte

Entscheidungen zu treffen.
Obwohl Lotteriegewinne nicht garantiert sind,
Verbessern Sie Ihr Verständnis für günstige kosmische
Energien und lenken Sie Ihre Zeit für die Teilnahme an
der Lotterie.

KAPITEL 11. ENTWICKELN SIE BENUTZERDEFINIERTE TIMING-TECHNIKEN, UM IHRE GEWINNCHANCEN ZU ERHÖHEN.

1. Kenne dein Geburtshoroskop:

Um individuelle Timing-Techniken zu entwickeln, ist es wichtig, ein tiefes Verständnis Ihrer Geburtshoroskope zu haben.

Dein Geburtshoroskop ist ein Modell der kosmischen Energie, die existierte, als du geboren wurdest.

Es enthüllt die Position der Planeten, die Aspekte, in denen sie entstanden sind, und die Häuser, die sie bewohnen. Durch die Analyse dieser Elemente können Sie wertvolle Einblicke in Timing-Techniken gewinnen, die mit Ihrer einzigartigen Energie in Resonanz stehen.

II. Identifiziere deinen glücklichen Planeten:

In Ihrem Geburtshoroskop können einige Planeten in Bezug auf Glück und Glück wichtiger sein.
Studieren Sie die Positionen und Aspekte von Planeten wie Jupiter, Venus und Mond in Ihrem Horoskop.

Diese Planeten werden oft mit Glück, Fülle und intuitiven Ideen in Verbindung gebracht. Wenn du deinen Glücksplaneten erkennst, kannst du dich auf Timing-Techniken konzentrieren, die mit deiner Energie übereinstimmen.

Verwenden Sie den Indikator Ihres Planeten:
Jedes Sternzeichen wird von einem bestimmten Planeten regiert, der dieser Konstellation ihre einzigartigen Qualitäten verleiht.
Wenn Sie die Planetenskalen im Geburtshoroskop kennen, können Sie den günstigen Zeitraum für die Teilnahme an der Lotterie bestimmen.
Wenn Ihr Aszendent beispielsweise von der Venus regiert wird, richten Sie Ihre Zeitstrategie an der Energie der Venus aus, z. B. wenn Venus durch das Glückshaus auf Ihrer Karte geht oder Aspekte der Harmonie mit anderen Planeten bildet.

3. Begrüßen Sie den Transit des glücklichen Planeten:

Transite von Glücksplaneten wie Jupiter und Venus können Lotterievorhersagen stark beeinflussen.
Verfolgen Sie die Bewegungen dieser Planeten und

beobachten Sie, wann sie mit Planeten oder Geburtshörnern wohltuende Aspekte bilden.
Diese Kreuze deuten auf Glücksperioden und potentiellen Überfluss hin.
Richten Sie Ihre Lottoteilnahme an diesen günstigen Crossovers aus, um Ihre Gewinnchancen zu erhöhen.

Folgen Sie dem Rhythmus Ihres Mondes:

Der Mond hat einen erheblichen Einfluss auf unsere Stimmung und Intuition.
Durch die Fokussierung auf den Mondzyklus und seine Interaktion mit dem Geburtshoroskop ist es möglich, benutzerdefinierte Synchronisationstechniken zu entwickeln.
Beobachte die Zyklen von Neumond und Vollmond und wie sie mit den Planeten und Glückshäusern im Geburtshoroskop übereinstimmen.
Diese Mondphasen verstärken Ihre intuitiven Ideen und helfen Ihnen, die richtigen Momente für die Teilnahme an der Lotterie zu wählen.

5. Vertrauen Sie Ihrem Instinkt:
In der Astrologie spielt die Intuition eine wesentliche Rolle bei der Zeitmessung.
Vertrauen Sie Ihren inneren Gefühlen und Ratschlägen bei der Organisation von Lotterieveranstaltungen.
Wenn ein bestimmter Tag oder eine bestimmte Uhrzeit zu Ihnen passt, auch wenn sie nicht mit den traditionellen astrologischen Momenten übereinstimmt, Es kann seine eigene energetische Resonanz haben.
Denken Sie daran, dass Astrologie ein Werkzeug ist, aber Ihre Intuition ist ein mächtiger Kompass, der Sie zur besten Zeit für die Lotterie führen kann.

6. Erstellen Sie eine persönliche Zeremonie:

Persönliche Rituale können dir helfen, die kosmische Energie zu regulieren und dein Timing zu verbessern.
Passen Sie Ihr Ritual an Ihr Geburtshoroskop und Ihre Vorlieben an.
Dies kann das Anzünden von Kerzen, die Meditation über Ihre Glücksedelsteine oder das Aufsagen von Wünschen sein, die dem gewünschten Ergebnis der Lotterie entsprechen. Diese Rituale schaffen einen heiligen Raum, in dem Sie Ihre Absichten und Energien auf den Erfolg der Lotterie konzentrieren können.

VII. Experimentieren und anpassen: Wie bei jeder Technik ist es wichtig, zu experimentieren und Ihre benutzerdefinierte Timing-Technik zu perfektionieren.
Die Astrologie bietet Struktur, aber es liegt an Ihnen, herauszufinden, was am besten zu Ihren einzigartigen Energien und Vorlieben passt.
Halten Sie die Ergebnisse des Experiments rechtzeitig fest und ändern Sie gegebenenfalls die Methode.
Einige Perioden können zu besseren Ergebnissen führen als andere, und mit Versuch und Irrtum können Sie Ihre Timing-Fähigkeiten verbessern, um Ihre Gewinnchancen zu erhöhen.

Kombinieren Sie die Zeit mit anderen Strategien:

Benutzerdefinierte Timing-Techniken sind zwar leistungsstark, aber nur ein Teil des Puzzles. Kombinieren Sie sie mit anderen Lotteriestrategien wie digitalen Auswahltechniken, Visualisierung und positiven Affirmationen.

Durch die Integration mehrerer Ansätze können Sie eine umfassende, synergetische Lotteriestrategie erstellen, die Ihre Erfolgschancen erhöht.

IX. Ertragen und den Prozess genießen:
Während die Timing-Technologie die Lotterievorhersagen verbessern kann, ist es wichtig, eine ausgewogene Sichtweise beizubehalten.
Lotterieergebnisse beinhalten zufällige Faktoren und unvorhergesehene Umstände.
Vergessen Sie nicht, mit den Füßen auf dem Boden zu bleiben und sich der Lotterie mit Spaß und Neugier zu nähern. Nehmen Sie den Prozess an und feiern Sie kleine Siege auf dem Weg.
Indem Sie eine positive Einstellung kultivieren, können Sie positive Energie anziehen und die Gesamterfolgsquote der Lotterie erhöhen.

Praktischer Leitfaden:
Durch die Entwicklung benutzerdefinierter Timing-Techniken können Sie Ihre Chancen auf den Gewinn des Jackpots erhöhen. Indem Sie sich über Ihr Horoskop informieren, Ihren Glücksplaneten identifizieren, das Planetenlineal verwenden, den Transit des Glücksplaneten annehmen, dem Mondrhythmus folgen, Ihren Instinkten vertrauen, persönliche Rituale schaffen und verschiedene Ansätze ausprobieren, können Sie Ihre Zeitstrategie entsprechend Ihrer einzigartigen Energie anpassen.

Kombinieren Sie diese Techniken mit anderen Lotteriestrategien, um einen ganzheitlichen Ansatz zu schaffen, der Ihre Erfolgschancen maximiert.
Denken Sie daran, dass Astrologie ein Werkzeug ist, das Sie leiten kann, aber am Ende des Tages spielen Ihr

Verhalten, Ihre Denkweise und zufällige Faktoren alle eine Rolle bei den Lotterieergebnissen.

Nutze die Astrologie, um dich auf günstige kosmische Energien auszurichten, aber sei auch offen für unerwartete Gelegenheiten und sei zuversichtlich auf der Reise.

KAPITEL 12.
INTUITION UND
WEISSAGUNG:

Nutzen Sie die intuitive Kraft von Astrologen, um Lotterieinformationen zu erhalten.

Erstens, die Macht der Intuition in der Astrologie:
Intuition ist ein angeborenes Talent eines jeden Astrologen.

Es ist eine Form des direkten Wissens, die über logisches Denken hinausgeht und die subtilen Energien des Universums erforscht.
Bei der Vorhersage von Lotterieergebnissen kann Ihre Intuition ein mächtiges Werkzeug sein.
Es ermöglicht Ihnen, auf verborgene Informationen zuzugreifen, zugrunde liegende Muster zu erkennen und Erkenntnisse zu gewinnen, die über das hinausgehen, was an der Oberfläche offensichtlich ist. Wenn Sie sich auf Ihre intuitiven Fähigkeiten verlassen und diese verfeinern, können Sie Ihre Fähigkeit, genaue Vorhersagen in der Lotterie zu treffen, erheblich verbessern.

II. Verbindung mit göttlicher Leitung:

Als Astrologe ist es wichtig, eine tiefe Verbindung mit der göttlichen Führung zu pflegen.

Diese Verbindung öffnet die Tür zu intuitiven Informationen.

Beschäftige dich mit Praktiken wie Meditation, Gebet oder Ritualen, um deinen Geist zu beruhigen, dein Herz zu öffnen und einen heiligen Raum für göttliche Führung zu schaffen.

Erlaube dir, ein Behälter für höhere Intelligenz zu sein, damit sie in intuitives Gewahrsein fließen kann.

Wenn Sie in diesen Zustand der Akzeptanz eintreten, können Sie mühelos Nachrichten und Ideen über Lotterieergebnisse erreichen.

Drittens, die Rolle der Wahrsagetechnologie:

Weissagungstechniken können Ihre intuitiven Ideen als Astrologe weiter unterstützen.

Diese Techniken dienen als Werkzeuge, um die göttliche Führung zu leiten und eine zusätzliche Informationsebene für Lotterievorhersagen bereitzustellen. Wahrsagewerkzeuge wie Tarotkarten, Orakelkarten, Pendel oder astrologische Würfel können Ihnen helfen, tiefere Einblicke zu gewinnen und bestimmte Fragen im Zusammenhang mit der Lotterie zu klären.

Indem Sie Wahrsagetechniken in Ihre Praxis integrieren, können Sie verborgenes Wissen freischalten und Ihr Verständnis der Lotterieergebnisse verbessern.

4. Die Kunst der symbolischen Deutung:

Symbole sind eine Sprache des Universums, und als

Astrologe können Sie diese Symbole interpretieren und wertvolle Informationen extrahieren. Achten Sie auf die Symbole, die in Ihren Träumen, Visionen oder im täglichen Leben erscheinen, da sie wichtige Informationen im Zusammenhang mit Lotterievorhersagen enthalten können.

Entwickeln Sie die Praxis der symbolischen Interpretation, indem Sie verschiedene Symbolsysteme wie Astrologie, Numerologie und Mythologie studieren.

Erweitern Sie Ihre Bibliothek mit Symbolen und ihrer Bedeutung, um versteckte Informationen über Lotterieergebnisse aufzudecken.

5. Hören Sie auf das subtile Flüstern:

Intuition spricht oft durch subtiles Flüstern, Schubsen oder Gefühle zu uns.

Als Astrologe ist es entscheidend, diese subtilen Signale zu regulieren.

Achte auf körperliche Empfindungen, Emotionen und intuitive Vorahnungen, die während der astrologischen Analyse auftauchen.

Diese intuitiven Tipps können wertvolle Hinweise geben und Sie zu den genauesten Vorhersagen führen.

Bauen Sie Vertrauen in intuitive Eindrücke auf und lassen Sie sie in Ihre Lotterieideen einfließen.

6. Balance zwischen Intuition und Astrologie

Obwohl die Intuition eine wichtige Rolle bei der Lotterievorhersage spielt,

Es muss durch eine gründliche astrologische Analyse ausgeglichen werden.

Nutze dein astrologisches Wissen und dein Verständnis

von Planetenpositionen, -aspekten und -transiten als solide Grundlage für deine intuitiven Ideen.
Kombinieren Sie Ihre intuitiven Eindrücke mit den objektiven Daten, die im Horoskop oder in den aktuellen Horoskopeinstellungen angezeigt werden.

Diese Integration von Intuition und astrologischer Analyse schafft einen ganzheitlichen Ansatz für die Lotterievorhersage, bei dem rationale und intuitive Fähigkeiten harmonisch zusammenarbeiten.

VII Entwickle deine Praxis der intuitiven Astrologie:

Um Ihre intuitive astrologische Praxis von Lotterieideen zu verbessern, sollten Sie die folgenden Schritte in Betracht ziehen:

1.   Entwickeln Sie Selbstbewusstsein: Entdecken Sie Ihren intuitiven Prozess. Denken Sie darüber nach, wie sich Ihre Intuition Ihnen gegenüber verhält, und identifizieren Sie Muster oder Symbole, die häufig in Ihrer intuitiven Erfahrung auftauchen. Diese Selbsterkenntnis stärkt Ihre intuitive Verbindung und ermöglicht es Ihnen, die intuitiven Hinweise von Lotterievorhersagen besser zu nutzen.

2.   Schaffen Sie einen heiligen Raum: Bestimmen Sie einen bestimmten Raum für Ihre intuitive Astrologiepraxis. Machen Sie es zu einem Zufluchtsort, an dem Sie sich mit göttlicher Führung verbinden können. Entfernen Sie alle Ablenkungen im Raum und injizieren Sie sie bewusst, sei es durch Kerzen, Kristalle oder andere heilige Gegenstände, die mit Ihnen in Resonanz stehen. Dieser heilige

Raum ist ein Tor zu intuitiven Ideen.

3.	Machen Sie tägliche Übungen: Nehmen Sie sich jeden Tag Zeit, um sich mit Ihrer Intuition zu verbinden und Anleitung zu erhalten. Dies kann Meditation, Tagebuchschreiben oder jede andere Praxis beinhalten, die hilft, den Geist zu beruhigen und intuitive Kanäle zu öffnen. Die Konsistenz dieser Praktiken wird Ihre intuitiven Fähigkeiten vertiefen und es Ihnen ermöglichen, genauere Informationen über die Lotterie zu erhalten.

4.	Üben Sie aktives Zuhören: Hören Sie aktiv auf intuitives Flüstern während der astrologischen Analyse. Achten Sie auf Annahmen, Gefühle oder intuitive Symbole, die auftauchen. Vertrauen Sie diesen subtilen Botschaften und lassen Sie sich von ihnen bei Ihrer Interpretation leiten. Üben Sie sich in Unterscheidungsvermögen und validieren Sie Ihre intuitiven Ideen anhand astrologischer Daten, um die Genauigkeit zu gewährleisten.

5.	Verwenden Sie Wahrsagewerkzeuge: Integrieren Sie Wahrsagewerkzeuge in Ihre intuitive astrologische Praxis, um Ihr Verständnis zu verbessern. Tarot, Orakelkarten oder Pendel können eine zusätzliche Orientierungshilfe bieten, die Ihnen hilft, Ihre intuitiven Eindrücke zu bestätigen oder zu verdeutlichen. Wählen Sie Ratetools, die bei Ihnen Anklang finden, und integrieren Sie sie in Ihren Lotterievorhersageprozess.

6.	Vertraue dem Prozess: Vertraue der Weisheit und Führung, die durch deine intuitive Praxis der Astrologie fließt. Vertrauen in Ihre Fähigkeit, überlegenes Wissen zu erlangen und genaue Vorhersagen zu treffen. Lassen Sie alle Zweifel oder Zweifel los, die Ihre intuitiven Fähigkeiten behindern könnten. Vertrauen Sie darauf, dass der Prozess Ihnen mehr Freiheit gibt, intuitive Informationen bereitzustellen und Sie zu genaueren Lotterievorhersagen zu führen.

Praktischer Leitfaden:
Die intuitiven Fähigkeiten eines Astrologen zu nutzen, ist ein mächtiges Werkzeug, um Lotterieinformationen zu erhalten.
Indem Sie Ihre Intuition entwickeln, sich mit göttlicher Führung verbinden, Wahrsagetechniken einbeziehen, Symbole interpretieren und aktiv auf subtiles Flüstern hören, können Sie ein tieferes Verständnis und Genauigkeit in Ihren Lotterievorhersagen freisetzen.

Denken Sie daran, Ihre Intuition mit einer eingehenden astrologischen Analyse in Einklang zu bringen und Ihr Wissen über Planetenpositionen, -aspekte und -übergänge als solide Grundlage zu nutzen.
Intuition ist eine göttliche Gabe, die, wenn sie mit Astrologie kombiniert wird, Einblicke in Lotterieergebnisse geben kann.
Vertraue deinen intuitiven Fähigkeiten, übe regelmäßig und schaffe einen heiligen Raum, um göttliche Unterweisung zu erhalten.
Wenn du deine intuitive Praxis der Astrologie entwickelst, werden deine Lotterievorhersagen subtiler, genauer und auf die kosmische Energie ausgerichtet.

KAPITEL 12. INTEGRIEREN SIE WEISSAGUNGSWERKZEUGE WIE TAROT, NUMEROLOGIE ODER PENDELMESSUNGEN, UM DIE VORHERSAGEN ZU VERBESSERN.

1.   Astrologische Zeit: Integration von Wahrsagewerkzeugen zur Verbesserung der

Vorhersagen

Die Macht der Weissagung in der Astrologie:

Seit Jahrhunderten werden Wahrsagewerkzeuge verwendet, um verborgenes Wissen zu erlangen, Klarheit zu erlangen und Führung aus dem spirituellen Bereich zu erhalten.

In Kombination mit Astrologie bieten Wahrsagewerkzeuge eine einzigartige Perspektive und eine zusätzliche Informationsebene, um Lotterievorhersagen zu unterstützen.

Diese Werkzeuge helfen Ihnen, die kollektive Intelligenz des Universums zu erforschen und die Symbole und Informationen, die dabei entstehen, zu interpretieren.

Tarot-Lotterie im Überblick:

Tarotkarten sind ein beliebtes Wahrsagewerkzeug, das gute Informationen über Lotterieergebnisse liefern kann. Jede Karte trägt ihre eigene Symbolik, archetypische Energie und Botschaft.

Mit Tarot-Spreads, die speziell für Lotterievorhersagen entwickelt wurden, können Sie ein tieferes Verständnis für die Energie und die potenziellen Ergebnisse gewinnen, die auf dem Spiel stehen.

Wenn Sie Tarotkarten verwenden, um Lotterieinformationen zu erhalten, konzentrieren Sie sich auf bestimmte Themen im Zusammenhang mit Ihren Lotteriebemühungen.

Mischen Sie das Spiel und ziehen Sie Karten, die verschiedene Aspekte des Problems darstellen, wie z. B. die Gesamtenergie der Lotterie, potenzielle Herausforderungen, günstige Gelegenheiten oder Vorschläge zur Zahlenauswahl. Erklären Sie die Bedeutung der Buchstaben im Kontext Ihrer Frage und vertrauen Sie der intuitiven Botschaft, die sie vermitteln.

Numerologische Vorhersagen und Lotterie:

Auch die Numerologie, das Studium der Zahlen und ihrer schwingenden Bedeutung kann die Lotterievorhersagen verbessern. Durch die Analyse des numerologischen Wertes wichtiger Daten, Zahlen, die sich auf Ihr Geburtshoroskop beziehen, oder Zahlen, die sich in Ihrem Leben wiederholen, können Sie deren mögliche Auswirkungen auf die Lotterieergebnisse besser verstehen.

Um Lotterievorhersagen mit Hilfe der Numerologie zu treffen, überprüfen Sie die Schwingungseigenschaften der Zahlen und wie sie mit Ihren Absichten übereinstimmen.
Erzählen Sie Ihren Lebensweg, Ihr Schicksal oder Ihre persönlichen Jahre und erforschen Sie deren Bedeutung in Bezug auf die Teilnahme an der Lotterie.
Achten Sie auf wiederkehrende numerische Muster und deren Bedeutung.
Wenn beispielsweise die Zahl 7 auffällt, kann dies auf einen Moment des Nachdenkens, der Analyse und der Auswahl strategischer Zahlen hinweisen.

Pendelmessungen, um die Lotterie anzutreiben:

Das Pendel kann als mächtiges Werkzeug dienen, um Ja- oder Nein-Antworten zu erhalten, Klarheit zu schaffen und intuitive Ratschläge zu erhalten.
Indem Sie spezifische Fragen zu Lotterieergebnissen stellen und die Bewegung des Pendels beobachten,

können Sie seine intuitive Intelligenz nutzen und endgültige Antworten erhalten.

Um das Pendel zu nutzen, um die Lotterie anzutreiben, seien Sie stabil und geben Sie klare Antworten mit "Ja" und "Nein", indem Sie Kalibrierungsfragen stellen.

Sobald Sie die Antworten ermittelt haben, stellen Sie spezifische Fragen zur Teilnahme an der Lotterie, wählen Sie die Zahl oder die beste Zeit aus.

Beobachte die Bewegungen des Pendels, ob es hin und her, von links nach rechts oder im Kreis schwingt, und interpretiere diese Bewegungen als Antwort auf die Frage.

Kombinieren Sie Weissagung mit astrologischer Zeit: Wenn Sie Weissagungswerkzeuge mit dem astrologischen Kalender kombinieren, sollten Sie die folgenden Schritte berücksichtigen:

1. Definieren Sie Ihre Absicht: Definieren Sie klar Ihre Absicht, das Ratewerkzeug in der Lotterievorhersage zu verwenden. Geben Sie an, dass Sie beabsichtigen, eine spezifische, eingehende Beratung zu erhalten, die Ihren besten Interessen und Ihrem Lotterieerfolg entspricht.

2. Wählen Sie das richtige Instrument: Wählen Sie das Ratewerkzeug, das Sie am meisten anspricht. Egal, ob es sich um Tarot, Numerologie oder Pendelmessungen handelt, wählen Sie das relevanteste und bequemste Werkzeug. Vertrauen Sie Ihrem Instinkt und wählen Sie das Tool, das Ihre Lotterievorhersagen am besten unterstützt.

3. Bereiten Sie Ihren divinatorischen Raum

vor: Schaffen Sie einen heiligen und fokussierten Raum für Ihre divinatorische Praxis. Beseitigen Sie alle Ablenkungen und sorgen Sie für eine ruhige und friedliche Umgebung. Zünden Sie Kerzen an, verbrennen Sie Räucherstäbchen oder verwenden Sie ein anderes rituelles Element, um in einen hohen Bewusstseinszustand zu gelangen.

4.   Stellen Sie spezifische Fragen: Bevor Sie mit dem Raten beginnen, stellen Sie spezifische Fragen zu Ihrer Lotterievorhersage. Die Fragen sollten klar und prägnant sein und sich auf Bereiche wie die numerische Auswahl, das Timing oder mögliche Ergebnisse konzentrieren. Schreiben Sie Ihre Fragen auf, um sie zu organisieren und sich in Ihren Wahrsageübungen leicht auf sich selbst zu beziehen.
5.   Folgen Sie Ihrem Weissagungsprozess: Führen Sie die von Ihnen gewählte Wahrsagetechnik nach Ihren spezifischen Anweisungen durch. Vertrauen Sie den Botschaften und Informationen, die von Ratetools vermittelt werden. Dokumentieren Sie Ihre Entdeckungen und alle visuellen Eindrücke, die sich auf dem Weg zeigen. Diese Ergebnisse werden eine wertvolle Referenz für Ihre zukünftigen Lotterievorhersagen sein.

6.   Analysieren und konsolidieren Sie Informationen: Analysieren Sie nach Abschluss einer Ratesitzung die erhaltenen Informationen. Suchen Sie nach Mustern, Verbindungen und Korrelationen zwischen Informationen aus Weissagungswerkzeugen und Ideen aus astrologischer Zeit. Finden Sie ein Gleichgewicht zwischen intuitiven Eindrücken und

objektiven astrologischen Daten.

7.	Passen Sie Ihr Timing und Ihre Strategie an: Nutzen Sie die Informationen, die Sie aus dem Rätselraten gewonnen haben, um Ihr Lotterie-Timing und Ihre Strategiefähigkeiten zu verbessern. Passen Sie Ihre Herangehensweise auf der Grundlage der Ratschläge, die Sie erhalten, an und richten Sie sie mit den kosmischen Energien aus, die durch Ihre astrologische Analyse angezeigt werden. Kombinieren Sie Weissagungswissen mit Ihrem Wissen über Planetenzyklen, Transite und Fortschritt, um Ihre Lotterievorhersagen zu optimieren.

8.	Vertrauen Sie Ihren Instinkten und ergreifen Sie anregende Maßnahmen: Vertrauen Sie Ihrer Intuition und den nächsten Eingebungen, indem Sie Wahrsagewerkzeuge mit astrologischer Synchronisation kombinieren. Lassen Sie Ihre intuitiven Erkenntnisse in Ihre Entscheidungen einfließen und ergreifen Sie auf der Grundlage der Nachrichten, die Sie erhalten, zum Nachdenken anregende Maßnahmen. Vertrauen Sie darauf, dass das Universum Ihre Lotteriebemühungen unterstützt und dass ihre intuitiven Ratschläge Sie zum günstigsten Ergebnis führen werden.

Praktischer Leitfaden:

1.	Die Kombination von Weissagungswerkzeugen wie Tarot, Numerologie oder Pendelmessungen mit astrologischem Wetter kann die Lotterievorhersagen erheblich verbessern. Diese Werkzeuge bieten eine zusätzliche

Wissensebene, die es Ihnen ermöglicht, die kollektive Intelligenz des Universums anzuzapfen und Symbole und Informationen so zu interpretieren, wie sie erscheinen. Vertrauen Sie Ihrem Instinkt, indem Sie ein Rätselwerkzeug auswählen, das Sie anspricht, und integrieren Sie es in Ihren Lotterievorhersageprozess.

2. Legen Sie klare Absichten fest, stellen Sie spezifische Fragen und schaffen Sie einen heiligen Raum für Ihre Wahrsagepraxis. Befolgen Sie die Anweisungen in dem von Ihnen gewählten Ratetool, um Ihre Ergebnisse zu dokumentieren und die erhaltenen Informationen zu analysieren. Kombinieren Sie Wahrsagerwissen mit Ihrem astrologischen Wetterwissen, um Ihre Lotteriestrategie zu perfektionieren. Vertrauen Sie Ihrem Instinkt, ergreifen Sie inspirierende Maßnahmen und vertrauen Sie den Ratschlägen, die Sie erhalten.

3. Denken Sie daran, dass Astrologie und Wahrsagerei mächtige Werkzeuge sind, aber sie garantieren nicht den Erfolg der Lotterie. Sie bieten Anleitung und Unterstützung, um Ihnen zu helfen, mit der kosmischen Energie in Einklang zu bleiben und fundierte Entscheidungen zu treffen. Kombinieren Sie diese Tipps mit positiver Denkweise, Visualisierungspraktiken und Dankbarkeit, um einen ganzheitlichen Ansatz für das gewünschte Ergebnis der Lotterie zu schaffen. Im nächsten Kapitel werden wir die transformative Kraft der Absicht untersuchen und wie sie

Ihr Lotterieschicksal prägen kann. Machen Sie sich bereit, die Kraft Ihrer fokussierten Absicht zu nutzen, um die endlosen Möglichkeiten zu erschließen, die vor Ihnen liegen.

III. Nehmen Sie die mystischen und intuitiven Aspekte der Astrologie an, um das mysteriöse Potenzial der Lotterie zu erschließen:

Astrologie-Momente: Nehmen Sie die mysteriösen und intuitiven Aspekte der Astrologie an, um das verborgene Potenzial der Lotterie zu erschließen
Einführen:
Während unserer faszinierenden Reise durch die Welt der Astrologie und ihrer Verbindung mit Lotterievorhersagen erforschen wir verschiedene Aspekte, darunter astrologische Zeichen, Häuser, Planetenmuster, günstige Umgebungen, personalisierte Strategien, Mondphasen, Zyklen, aufsteigende Zeichen, Strategien, die auf aufsteigenden Zeichen basieren, die Bedeutung der Zeit, Planetenzyklen, Fortschritt und Transit, die Kraft der Intuition und Wahrsagerei, und die Integration von Ratewerkzeugen zur Verbesserung der Prognosen.

1.   Mysteriöse Verbindung:
Im Grunde ist die Astrologie eine mysteriöse und heilige Kunst. Sie lädt uns ein, die gegenseitige Abhängigkeit des Universums und unserer Existenz zu erkennen.
Indem wir uns die mysteriösen Aspekte der Astrologie zu eigen machen, können wir das verborgene Potenzial der Lotterie erschließen.
Diese mystische Verbindung zwingt uns, über das

rationale Denken hinauszugehen und das Reich der Intuition und des Bewusstseins anzunehmen.

2. Erwachen der Intuition:

Intuition ist die Brücke zwischen dem bewussten und dem unbewussten Bereich. Es ermöglicht uns, verborgene Wissensbereiche zu erforschen und Wissen zu erlangen, das über logisches Denken hinausgeht.

Indem wir unsere Intuition nähren und erwecken, können wir auf das verborgene Potenzial der Lotterie zugreifen.

Meditation, Achtsamkeit und andere spirituelle Praktiken können helfen, den Geist zu beruhigen und unser Herz für intuitive Führung zu öffnen.

Indem wir regelmäßig an diesen Praktiken teilnehmen, schaffen wir Raum für das Auftauchen von Intuition und leiten uns bei der Erstellung von Lotterievorhersagen.

Es ist wichtig, unserer Intuition zu vertrauen, denn sie ist wie ein Kompass, der uns zu den richtigen Zahlen, Fristen und Strategien führen kann, um in der Lotterie erfolgreich zu sein.

3. Synchronizität übernehmen:

Synchronizität ist ein wichtiger Zufall, der in unserem Leben auftritt.

Sie sind die Art und Weise, wie das Universum mit uns kommuniziert und uns Einsichten und Führung auf unserem Weg gibt.

Wenn es um Lotterien geht, kann Synchronizität als starker Indikator für verstecktes Potenzial und günstige Ergebnisse dienen.

Achte auf die Synchronizität dessen, was in deinem Leben passiert.

Diese können sich als digitale Muster, zufällige

Begegnungen oder zufällige Ereignisse manifestieren, die mit Ihren Lotteriebemühungen zusammenzufallen scheinen. Führen Sie ein Tagebuch und zeichnen Sie diese Synchronisierungen auf, denken Sie darüber nach, was sie bedeuten könnten und wie sie sich auf Ihre Lotterievorhersagen beziehen.

Nehmt diese magischen Ereignisse als eine Bestätigung des Universums an, die euch auf den richtigen Weg führen wird.

4.   Verbindung zu den Höheren Reichen:

Die Astrologie lädt uns ein, die Verbindung zwischen dem himmlischen und dem irdischen Reich zu erkennen.

Indem wir durch Gebet, Meditation oder Rituale eine Verbindung zu einem höheren Bereich kultivieren, können wir die Weisheit und Führung von Kräften im Universum anzapfen, die unsere Vorhersagen beeinflussen.

Beschäftige dich mit Praktiken, die mit dir in Resonanz sind, und verbinde dich mit höheren Bereichen. Schaffen Sie heilige Rituale, die die Energien des Himmels ehren und seine Segnungen in Ihre Lotteriearbeit einladen.

Lass dich von Geistführern, Schutzengeln oder göttlichen Wesen beraten, die mit deinen Überzeugungen übereinstimmen.

Vertrauen Sie darauf, dass diese Verbindungen Ihnen großartige Informationen und Unterstützung für Ihre Lotteriereise bieten.

5.   Kosmische Energie verkörpern:

Als Astrologen haben wir die Fähigkeit, die kosmischen Energien, die die Lotterie beeinflussen, zu manifestieren und uns auf sie auszurichten.

Indem wir uns bewusst an diese Energien anpassen,

werden wir zu Kanälen für den Fluss des mysteriösen Potenzials.

Studieren Sie die planetaren Energien, die in der Astrologie mit Glück, Überfluss und finanziellem Erfolg verbunden sind.

Verschaffen Sie sich einen Überblick über diese Energien und richten Sie sich an ihren Qualitäten aus.

Wenn zum Beispiel Jupiter einen wesentlichen Einfluss auf den Erfolg der Lotterie hat, kultiviert er Eigenschaften wie Optimismus, Expansion und Großzügigkeit.

Stellen Sie sich vor, Sie integrieren diese Energien und ziehen Ergebnisse an, die für die Lotterie günstig sind.

6.   Nehmen Sie die Zeit der Astrologie an:

Nehmen Sie die mystischen und intuitiven Aspekte der Astrologie an, um das verborgene Potenzial der Lotterie zu erschließen

Einführen:

Während unserer faszinierenden Reise durch die Welt der Astrologie und ihrer Verbindung mit Lotterievorhersagen erforschen wir verschiedene Aspekte, darunter astrologische Zeichen, Häuser, Planetenmuster, günstige Umgebungen, personalisierte Strategien, Mondphasen, Zyklen, aufsteigende Zeichen, Strategien, die auf aufsteigenden Zeichen basieren, die Bedeutung der Zeit, Planetenzyklen, Fortschritt und Transit, die Kraft der Intuition und Wahrsagerei, und die Integration von Ratewerkzeugen zur Verbesserung der Prognosen.

In diesem Kapitel werden wir nun in die mysteriösen und intuitiven Aspekte der Astrologie eintauchen und das verborgene Potenzial der Lotterie durch eine tiefe Verbindung mit dem Universum erschließen.

Machen Sie sich bereit, die magischen und tiefgründigen Aspekte der Astrologie zu genießen, zu erkunden, wie Sie mysteriöse Bereiche erkunden können, und entdecken Sie das ungenutzte Potenzial der Lotterie.

7.   Mysteriöse Verbindung:

Im Grunde ist die Astrologie eine mysteriöse und heilige Kunst. Sie lädt uns ein, die gegenseitige Abhängigkeit des Universums und unserer Existenz zu erkennen.

Indem wir uns die mysteriösen Aspekte der Astrologie zu eigen machen, können wir das verborgene Potenzial der Lotterie erschließen.

Diese mystische Verbindung zwingt uns, über das rationale Denken hinauszugehen und das Reich der Intuition und des Bewusstseins anzunehmen.

8.   Erwachen der Intuition:

Intuition ist die Brücke zwischen dem bewussten und dem unbewussten Bereich.

Es ermöglicht uns, verborgene Wissensbereiche zu erforschen und Wissen zu erlangen, das über logisches Denken hinausgeht.

Indem wir unsere Intuition nähren und erwecken, können wir auf das verborgene Potenzial der Lotterie zugreifen.

Meditation, Achtsamkeit und andere spirituelle Praktiken können helfen, den Geist zu beruhigen und unser Herz für intuitive Führung zu öffnen.

Indem wir regelmäßig an diesen Praktiken teilnehmen, schaffen wir Raum für das Auftauchen von Intuition und leiten uns bei der Erstellung von Lotterievorhersagen.

Es ist wichtig, unserer Intuition zu vertrauen, denn sie ist wie ein Kompass, der uns zu den richtigen Zahlen, Fristen und Strategien führen kann, um in der Lotterie erfolgreich zu sein.

9.   Synchronizität übernehmen:
Synchronizität ist ein wichtiger Zufall, der in unserem Leben auftritt.

Sie sind die Art und Weise, wie das Universum mit uns kommuniziert und uns Einsichten und Führung auf unserem Weg gibt. Wenn es um Lotterien geht, kann Synchronizität als starker Indikator für verstecktes Potenzial und günstige Ergebnisse dienen.

Achte auf die Synchronizität dessen, was in deinem Leben passiert.

Diese können sich als digitale Muster, zufällige Begegnungen oder zufällige Ereignisse manifestieren, die mit Ihren Lotteriebemühungen zusammenzufallen scheinen. Führen Sie ein Tagebuch und zeichnen Sie diese Synchronisierungen auf, denken Sie darüber nach, was sie bedeuten könnten und wie sie sich auf Ihre Lotterievorhersagen beziehen.

Nehmt diese magischen Ereignisse als eine Bestätigung des Universums an, die euch auf den richtigen Weg führen wird.

10.   Verbindung zu den Höheren Reichen:
Die Astrologie lädt uns ein, die Verbindung zwischen dem himmlischen und dem irdischen Reich zu erkennen.

Indem wir durch Gebet, Meditation oder Rituale eine Verbindung zu einem höheren Bereich kultivieren, können wir die Weisheit und Führung von Kräften im Universum anzapfen, die unsere Vorhersagen beeinflussen.

Beschäftige dich mit Praktiken, die mit dir in Resonanz sind, und verbinde dich mit höheren Bereichen. Schaffen Sie heilige Rituale, die die Energien des Himmels ehren

und seine Segnungen in Ihre Lotteriearbeit einladen.
Lass dich von Geistführern, Schutzengeln oder göttlichen Wesen beraten, die mit deinen Überzeugungen übereinstimmen.
Vertrauen Sie darauf, dass diese Verbindungen Ihnen großartige Informationen und Unterstützung für Ihre Lotteriereise bieten.

11. Kosmische Energie verkörpern:
Als Astrologen haben wir die Fähigkeit, die kosmischen Energien, die die Lotterie beeinflussen, zu manifestieren und uns auf sie auszurichten.
Indem wir uns bewusst an diese Energien anpassen, werden wir zu Kanälen für den Fluss des mysteriösen Potenzials.
Studieren Sie die planetaren Energien, die in der Astrologie mit Glück, Überfluss und finanziellem Erfolg verbunden sind.
Verschaffen Sie sich einen Überblick über diese Energien und richten Sie sich an ihren Qualitäten aus. Wenn zum Beispiel Jupiter einen wesentlichen Einfluss auf den Erfolg der Lotterie hat, kultiviert er Eigenschaften wie Optimismus, Expansion und Großzügigkeit.
Stellen Sie sich vor, Sie integrieren diese Energien und ziehen Ergebnisse an, die für die Lotterie günstig sind.
Umarmung

KAPITEL 13: PRAKTISCHE RATSCHLÄGE UND STRATEGIEN:

Praktische Tipps für die Teilnahme an der Lotterie, die auf astrologischen Erkenntnissen basieren.

I. Praktische Ratschläge und Strategien zur Anwendung astrologischen Wissens zur Erhöhung der Teilnahme an der Lotterie

1.   Verstehen Sie Ihr Horoskop

Ihr Horoskop ist ein Modell Ihrer einzigartigen kosmischen Energie. Wenn Sie Ihr Horoskop kennen, können Sie günstige Planetenpositionen und Aspekte identifizieren, die auf den potenziellen Erfolg der Lotterie hinweisen können. Beachten Sie die Standorte von Glücksplaneten wie Jupiter und Venus sowie Aspekte, die mit Sonne und Mond zu tun haben. Diese Investitionen können wertvolle Informationen über Ihr Vermögen und Ihren Reichtum liefern.

2.   Wählen Sie einen guten Zeitpunkt:

Die Astrologie gibt wertvolle Tipps, wie Sie Ihre Zeit für die Teilnahme an der Lotterie organisieren können. Berücksichtigen Sie die günstigen Aspekte und den Transit, die während eines bestimmten Zeitraums auftreten. Wenn zum Beispiel Jupiter gut für Ihre Geburtssonne ist, dann könnte dies ein guter Zeitpunkt sein, um einen Lottoschein zu kaufen. Achten Sie auch hier auf die schwierigen Aspekte und vermeiden Sie es, sich in diesen Zeiten darauf einzulassen.

3.   Ausrichtung auf die Mondenergie:
Die Mondphasen und der Zyklus der Mondphasen haben einen tiefgreifenden Einfluss auf unser Leben, einschließlich der Lotterieergebnisse. Achten Sie auf Neu- und Vollmonde, da sie kraftvolle Energien in sich tragen, die Ihre Absichten und Leistungen verstärken. Setzen Sie sich bei Neumond klare Absichten für den Lottoerfolg, während der Vollmond ideal ist, um Zweifel oder Ängste loszulassen. Verwenden Sie den Mondzyklus, um Ihre Teilnahme an der Lotterie zu steuern.

4.   Folgen Sie seinem aufsteigenden Schild:
Dein aufsteigendes Zeichen ist das Zeichen, das zum östlichen Horizont aufgestiegen ist, als du geboren wurdest. Es repräsentiert Ihre äußere Persönlichkeit und den Eindruck, den Sie auf andere machen. Verwenden Sie Ihr aufsteigendes Horoskop als Orientierungshilfe, um Zahlen auszuwählen, die Ihren Eigenschaften entsprechen, oder spielen Sie ein bestimmtes Lotteriespiel. Wenn Ihr Löwe zum Beispiel auf dem Vormarsch ist, sollten Sie Zahlen wählen, die sich auf Kreativität, Selbstausdruck und Kühnheit beziehen.

5.   Auswählen von Zahlen nach Numerologie:

Numerologie, das Studium von Zahlen und die Bedeutung ihrer Schwingungen können Ihnen bei der Auswahl von Zahlen für die Teilnahme an der Lotterie helfen. Berechnen Sie Ihre Lebenslaufnummer, Zielnummer oder persönliche Jahreszahl und erforschen Sie deren Bedeutung. Erwägen Sie, diese Zahlen in Ihre Zahlenauswahlstrategie einzubeziehen, Zahlen zu wählen, die mit Ihren übereinstimmen, oder Zahlen anzuzapfen, die mit Glück und Überfluss verbunden sind.

6.   Legen Sie eine klare Absicht fest:
Die Macht der Absicht darf nicht unterschätzt werden. Geben Sie klar Ihre Absicht an, in der Lotterie erfolgreich zu sein, stellen Sie sich als Gewinner vor und erleben Sie die Aufregung, das gewünschte Ergebnis zu erzielen. Diese bewusste Absicht sendet eine kraftvolle Botschaft an das Universum und richtet deine Energie mit der Frequenz von Fülle und Wohlstand aus.

7.   Übe positive Affirmationen:
Affirmationen sind positive Affirmationen, die deine Überzeugungen und Absichten verstärken. Verwenden Sie Aussagen wie "Ich bin ein Magnet für Lotteriepreise", "Ich ziehe Reichtum und finanziellen Wohlstand an" oder "Ich bin bereit, Lotteriesegen anzunehmen". Wiederholen Sie diese Affirmationen jeden Tag mit Überzeugungen und Überzeugungen, um Ihr Unterbewusstsein so zu programmieren, dass es positive Lotterieergebnisse anzieht.

8.   Entwickle eine positive Denkweise:
Die Aufrechterhaltung einer positiven Einstellung ist für den Erfolg der Lotterie unerlässlich. Entwickeln Sie Optimismus, Dankbarkeit und Vertrauen in Ihre

Fähigkeit, die gewünschten Ergebnisse zu erzielen. Lassen Sie alle einschränkenden Zweifel oder Überzeugungen los, die Ihren Fortschritt behindern könnten. Seien Sie mit positiven Menschen, Umgebungen und Ressourcen zusammen, die Ihre positive Einstellung unterstützen.

9.   Üben Sie sich in der Selbstfürsorge für Gesundheit und Energie:

Die Sorge um Ihr körperliches, geistiges und emotionales Wohlbefinden ist bei der Teilnahme an der Lotterie von entscheidender Bedeutung. Praktiziere Selbstfürsorgepraktiken wie Bewegung, Meditation, ausreichende Ruhe und gesunde Ernährung. Managen Sie Ihre Energie, indem Sie sich positiv beeinflussen lassen, vermeiden Sie negative oder anstrengende Umgebungen und respektieren Sie Ihre Absichten.

10.   Vertrauen Sie Ihrem Instinkt:
Ihre Intuition ist ein mächtiges Werkzeug, wenn es um die Teilnahme an der Lotterie geht. Vertrauen Sie Ihrer inneren Führung und hören Sie auf ihre Gefühle, wenn Sie entscheiden, welche Spiele Sie spielen, wann Sie spielen und welche Zahlen Sie wählen. Achte auf den intuitiven Antrieb, die Synchronizität und die subtilen Informationen des Universums. Ihre Intuition kann wertvolle Informationen liefern, die Ihr astrologisches Wissen ergänzen.

11.   Halten Sie die Erwartungen realistisch:
Während die Astrologie Orientierung bieten kann, ist es wichtig, realistische Erwartungen an die Lotterieergebnisse aufrechtzuerhalten. Es gibt keine Garantie für einen Lottogewinn, es muss mit

einer ausgewogenen Perspektive angegangen werden. Konzentrieren Sie sich auf die Freude an der Teilnahme, die Aufregung über die Möglichkeiten und das persönliche Wachstum, das sich aus dem Teilnahmeprozess ergibt. Vermeiden Sie es, sich zu sehr auf das Ergebnis zu konzentrieren, und denken Sie daran, dass die Astrologie nur eines der vielen Werkzeuge ist, die Ihre Chancen erhöhen.

12.   Feiern Sie kleine Siege:
Auch wenn Sie den Jackpot nicht knacken, feiern Sie die kleinen Gewinner oder Gewinne auf dem Weg. Erkenne und schätze die Fortschritte, die du gemacht hast, sei es durch den Gewinn kleinerer Preise, das Erleben von Synchronizität oder das Erlangen eines tieferen Verständnisses der Astrologie.
Das Feiern dieser erfolgreichen Momente hält Sie energiegeladen und fördert eine Fülle von Geist.

Praktische Tipps und Strategien, um personalisierte Rituale und Lotteriepraktiken zu schaffen, die sich an den kosmischen Kräften ausrichten

1.   Umgebung des heiligen Raumes:
Die Schaffung eines heiligen Raums für die Lotteriezeremonie ist unerlässlich, um sich mit den kosmischen Kräften zu verbinden. Bestimmen Sie einen speziellen Bereich, in dem Sie Ihre Lotterie ohne Unterbrechung ausüben können. Reinige den Raum aktiv, indem du Salbei aufträgst, Räucherstäbchen anzündest oder Kristalle verwendest, um die Umgebung zu reinigen. Organisiere Gegenstände von persönlicher Bedeutung, wie Statuen, Symbole oder Amulette, die mit Glück und Überfluss in Verbindung gebracht werden.

2.   Eröffnungs- und Abschlussfeier:
Beginnen Sie Ihre Verlosungszeremonie, indem Sie Absichten festlegen und die kosmische Energie anrufen, die Ihre Lotteriebemühungen unterstützt. Dies kann durch einfaches Gebet, Bestätigung oder Visualisierung geschehen, indem man um Rat und Segen vom Himmel bittet. Am Ende der Zeremonie wird die erhaltene kosmische Hilfe gewürdigt, und die Zeremonie endet mit dem Platzen von Kerzen oder der Ausführung symbolischer Gesten wie Applaus oder Glocken, um die Vollendung des heiligen Raumes zu signalisieren.

3.   Affirmationen und Mantras:
Integrieren Sie Affirmationen und Mantras in Ihr Lotterieritual, um positive Überzeugungen zu verstärken und Ihre Energie auf das gewünschte Ergebnis auszurichten. Erstellen Sie personalisierte Aussagen, die mit Ihren Absichten übereinstimmen, wie z. B. "Ich bin ein Magnet für Lotteriepreise", "Ich verlasse mich auf kosmische Kräfte, die mich zu den richtigen Gelegenheiten führen" oder "Ich bin bereit, die Fülle des Universums zu akzeptieren". Wiederholen Sie diese Affirmationen oder Mantras in Ihrem Ritual, um Ihren Schwingungen zu erlauben, Ihre Präsenz zu durchdringen und eine starke Resonanz mit kosmischen Kräften zu erzeugen.

4.   Visualisierung und Darstellung:
Nutzen Sie die Kraft der Visualisierung und Darstellung bei Ihrer Tombola-Zeremonie.
Schließen Sie die Augen und stellen Sie sich vor, Sie halten Ihren Gewinnschein in der Hand und erleben die Freude und Aufregung, Ihren Preis zu beanspruchen. Stellen Sie

sich das Geld vor, das durch Ihr Leben fließt, und erlauben Sie sich, die Emotionen zu erleben, die mit finanziellem Überfluss verbunden sind. Behalte dieses Bild in deinem Kopf und injiziere positive Energie und Intention hinein. Es wird angenommen, dass das Universum hart daran arbeitet, diese Vision in die Realität umzusetzen.

5.   Symbolische Aktionen und Produkte: Integrieren Sie symbolische Handlungen und Opfergaben in Ihre Lotteriezeremonie, um Ihre Verbindung zu den kosmischen Kräften zu vertiefen. Dies kann das Anzünden von Kerzen, das Platzieren von Kristallen oder Edelsteinen, die mit Glück und Fülle verbunden sind, auf dem Altar beinhalten oder kleine Zeichen der Dankbarkeit gegenüber dem Universum setzen. Diese symbolischen Gesten können als physische Darstellung Ihrer Absichten dienen und als Katalysator fungieren, um das gewünschte Ergebnis zu erzielen.

6.   Ausrichtung des Mondes: Nutzen Sie die Phasen und Mondzyklen als Kulisse für die Tombola-Zeremonie. Richten Sie Ihre Praxis auf den Neumond aus, um Absichten zu setzen und eine neue Lotterie zu starten. Nutze den Vollmond, um Zweifel, Ängste oder einschränkende Glaubenssätze loszulassen, die deinen Erfolg behindern könnten. Passen Sie Ihre Rituale und Praktiken während des Mondmonats an die aufsteigenden und absteigenden Energien des Mondes an. Indem Sie sich bewusst an den Mondzyklus anpassen, können Sie Ihre Lotteriebemühungen mit den natürlichen Rhythmen des Universums synchronisieren.

7.   Numerologische Bedeutung: Integrieren Sie numerologische Bedeutung in Ihre

Lotterierituale und -praktiken, um Ihre Verbindung zu den kosmischen Kräften zu stärken. Entdecken Sie die numerologischen Schwingungen in Bezug auf Ihr Geburtsdatum, Glückszahlen oder wichtige Daten im Zusammenhang mit Ihrer Teilnahme an der Lotterie. Integrieren Sie diese Zahlen in Ihr Ritual, indem Sie die entsprechende Anzahl von Kerzen anzünden, Objekte in einem Nummerierungsmuster anordnen oder bestimmte Mantras oder Aussagen rezitieren, die mit numerologischer Energie übereinstimmen. Indem du dein Ritual mit numerologischer Bedeutung durchdringst, stärkst du die energetische Resonanz zwischen dir und den Kräften des Universums.

8.   Cosmic bietet:

Erwägen Sie, kosmischen Kräften Opfergaben darzubringen, um ihre Hilfe bei den Lotteriebemühungen anzuerkennen und anzurufen. Opfergaben können viele Formen annehmen, wie z. B. das Anzünden von Kerzen oder Räucherstäbchen als Symbol der Hingabe, das Auflegen von Blumen oder Kräutern auf einen Altar als Zeichen der Dankbarkeit oder sogar das Ausführen von Taten der Freundlichkeit und Großzügigkeit nach dem Prinzip des Überflusses. Diese Opfergaben sind greifbare Ausdrucksformen Ihres Engagements und Respekts für die Energie des Universums.

9.   Tagebuchnotizen und Reflexionen:

Integrieren Sie Tagebuchschreiben und Reflexion in Ihre Lotterierituale und -praktiken. Nehmen Sie sich vor und nach der Zeremonie die Zeit, Ihre Absichten, Erfahrungen und intuitiven Ideen, die Ihnen in den Weg kommen, aufzuschreiben. Nutze dein Tagebuch als heiligen Ort, um deine Fortschritte aufzuzeichnen, die Synchronizität aufzuzeichnen und die Konsistenz zwischen astrologischen Einflüssen und Lotterieergebnissen zu verfolgen. Überprüfen Sie regelmäßig Ihre Tagebucheinträge, um Erkenntnisse zu gewinnen, und verfeinern Sie Ihre Strategie auf der Grundlage Ihrer Beobachtungen.

10. Entwickeln Sie Geduld und Selbstvertrauen: Während Rituale und Praktiken deine Verbindung mit kosmischen Kräften stärken können, ist es wichtig, Geduld und Selbstvertrauen bei der Durchführung der heiligen Zeit zu entwickeln. Vermeiden Sie es, sich an bestimmte Ergebnisse oder Fristen zu halten, und konzentrieren Sie sich stattdessen darauf, ein Gefühl des Vertrauens und der Lieferung aufrechtzuerhalten. Um zu verstehen, dass kosmische Kräfte auf mysteriöse Weise wirken, braucht eine perfekte Ausrichtung Zeit. Nehmen Sie die Reise an und seien Sie offen für unerwartete Gelegenheiten und Segnungen, die sich auf dem Weg ergeben können.

III. Bringen Sie Optimismus mit realistischen Erwartungen in Einklang für ein zufriedenstellendes Lotterieerlebnis.

1. Praktische Ratschläge und Strategien: Bringen Sie Optimismus mit realistischen Erwartungen in Einklang für ein zufriedenstellendes Lotterieerlebnis Am Ende unserer Reise durch die faszinierende Welt der Astrologie und ihrer Anwendung auf die Vorhersagelotterie ist es wichtig, sich mit der Bedeutung des Ausgleichs zwischen Optimismus und realistischen

Erwartungen auseinanderzusetzen.

Während die Astrologie wertvolle Informationen und Werkzeuge liefert, um unsere Erfolgschancen bei der Lotterie zu erhöhen, sollte die Lotterie mit einer soliden Perspektive angegangen werden, die die Realität des Spiels anerkennt.

2.   Nutzen Sie die Kraft des positiven Denkens: Optimismus spielt eine wichtige Rolle, wenn es darum geht, positive Ergebnisse zu erzielen.

Entwickeln Sie eine positive, optimistische Einstellung, wenn Sie an der Lotterie teilnehmen.

Glaube an deine Fähigkeit, die Reichen anzuziehen, und stelle dir vor, du wärst ein Gewinner.

Indem Sie Ihre Gedanken und Emotionen mit positiven Erwartungen in Einklang bringen, können Sie einen fruchtbaren Boden schaffen, um positive Ergebnisse zu erzielen.

3.   Setzen Sie sich realistische Ziele: Es ist wichtig, große Träume zu haben, aber es ist ebenso wichtig, sich realistische Ziele zu setzen.

Legen Sie Ihre Lotterieziele basierend auf Ihrer Situation und den mit einem Gewinn verbundenen Gewinnchancen fest.

Berücksichtigen Sie Faktoren wie die Höhe des Jackpots, die Gewinnchancen und die Häufigkeit, mit der Sie an der Lotterie teilnehmen.

Indem Sie sich realistische Ziele setzen, können Sie eine ausgewogene Perspektive bewahren und unrealistische Erwartungen vermeiden, die zu Enttäuschungen führen können.

4.   Verstehen Sie die Wahrscheinlichkeiten:

Kennen Sie die Chancen, mehr Lotteriespiele zu gewinnen.

Jedes Spiel hat unterschiedliche Gewinnchancen, und wenn Sie diese kennen, können Sie eine fundierte Entscheidung treffen. In Anbetracht der Tatsache, dass ein Lottogewinn eine statistische Herausforderung ist, ist die Gewinnwahrscheinlichkeit in der Regel gering.

Dies bedeutet jedoch nicht, dass dies unmöglich ist.

Wenn Sie die Quoten kennen, können Sie das Spiel mit einer realistischen Denkweise angehen und gleichzeitig die Hoffnung auf Erfolg aufrechterhalten.

5.   Verwalten Sie Ihr Budget:

Die Teilnahme an der Lotterie sollte immer innerhalb ihrer Grenzen erfolgen.

Legen Sie ein bestimmtes Budget für die Lotterie fest und halten Sie sich daran.

Vermeiden Sie es, zu viel auszugeben oder finanziell gestresst zu sein, wenn Sie nach einem Jackpot suchen.

Indem Sie Ihr Budget verantwortungsbewusst verwalten, können Sie den Nervenkitzel der Lotterie genießen, ohne Ihre Finanzen zu gefährden.

6.   Diversifizieren Sie Ihre Strategie:

Anstatt sich ausschließlich auf die Lotterie zu verlassen, um finanzielle Suffizienz zu erreichen, sollten Sie in Betracht ziehen, Ihre Vermögensbildungsstrategie zu diversifizieren.

Erkunden Sie andere Möglichkeiten, z. B. Investitionen, die Gründung eines Unternehmens oder die Suche nach anderen Einkommensquellen.

Dieser breitere Ansatz gewährleistet vielfältige Möglichkeiten für finanzielles Wachstum und Erfolg.

7.   Feiern Sie kleine Siege:
Während es das Ziel ist, den Jackpot zu gewinnen, sollten Sie den Wert der kleinen Gewinner nicht übersehen.
Feiern Sie alle kleinen Belohnungen oder positiven Erfahrungen, denen Sie auf Ihrem Weg begegnen. Egal, ob Sie ein paar Zahlen erraten oder das Timing basierend auf Ihren Lotterievorhersagen erleben, erkennen und schätzen Sie diese Momente als Zeichen des Fortschritts. Kleine Erfolge zu feiern, kann dich motivieren und dir helfen, positiv zu bleiben.

8.   Konzentrieren Sie sich auf das Erlebnis:
Konzentrieren Sie sich nicht mehr auf das Gewinnergebnis der Lotterie, sondern genießen Sie das Gesamterlebnis.
Nehmen Sie mit einem Gefühl von Spaß, Aufregung und Vorfreude an der Verlosung teil.
Der Nervenkitzel, die Gelegenheit zu ergreifen und die Freude am Mitmachen.
Indem Sie sich auf die Reise und nicht nur auf das Ziel konzentrieren, können Sie mit dem Prozess selbst zufrieden sein.

9.   Übe dich in Dankbarkeit:
Sei dankbar für die Möglichkeiten und Erfahrungen, die du findest, egal ob du gewinnst oder nicht.
Entwickle eine Haltung, die den Reichtum schätzt, der bereits in deinem Leben existiert. Dankbarkeit wird eure Schwingung erhöhen und es euch ermöglichen, mehr positive Erfahrungen anzuziehen.
Erkennen Sie, dass Sie, selbst wenn Sie den Jackpot nicht knacken, in vielerlei Hinsicht Glück haben.

10.   Der Glaube an die Heilige Zeit:

Glaube an die heilige Zeit des Universums.

Um zu verstehen, dass kosmische Kräfte auf mysteriöse Weise wirken, entspricht der beste Zeitpunkt, um in der Lotterie erfolgreich zu sein, möglicherweise nicht Ihren unmittelbaren Erwartungen.

Vertraue darauf, dass das Universum einen Plan für dich hat und dass alles zur richtigen Zeit geschehen wird. Geduld und Vertrauen sind die Grundtugenden der Lotterie und Astrologie.

Seien Sie offen für unerwartete Gelegenheiten und Segnungen, die sich ergeben können, auch wenn sie nicht Ihren ursprünglichen Erwartungen entsprechen.

11.   Auf der Suche nach persönlichem Wachstum: Sehen Sie Ihre Teilnahme an der Lotterie als Chance für persönliches Wachstum und Selbstfindung.

Selbstreflexion und Selbstbeobachtung während der gesamten Reise.

Entdecken Sie Ihre Lektionen, Ideen und Erfahrungen, indem Sie an der Verlosung teilnehmen. Nutzen Sie diesen Prozess als Katalysator für die persönliche Entwicklung und als Sprungbrett für Verbesserungen in anderen Bereichen Ihres Lebens.

12.   Eine ausgewogene Sichtweise: Streben Sie nach einer ausgewogenen Perspektive, die sowohl das Erfolgspotenzial als auch die Realität der Möglichkeiten anerkennt.

Optimismus ist zwar unerlässlich, muss aber mit großem Realismus in Einklang gebracht werden. Vermeiden Sie es, zu besessen davon zu sein, im Lotto zu gewinnen, und denken Sie daran, dass dies nur ein Aspekt eines erfüllten und reichhaltigen Lebens ist.

Mit einer ausgewogenen Perspektive können Sie das

Lotterieerlebnis genießen, ohne davon verzehrt zu werden.

KAPITEL 14. BALANCE ZWISCHEN OPTIMISMUS UND REALISMUS:

Vorfreude ist der Schlüssel zu einem lohnenden Lotterieerlebnis.

Indem Sie sich die Kraft des positiven Denkens zu eigen machen, realistische Ziele setzen, Quoten verstehen, Budgets verwalten, Strategien diversifizieren, kleine Gewinner feiern, sich auf Erfahrungen konzentrieren, Dankbarkeit üben, an heilige Zeit glauben, persönliches Wachstum anstreben und eine ausgewogene Perspektive bewahren, können Sie die Lotterie mit einer gesunden Denkweise angehen.

Die Astrologie bietet wertvolle Informationen und Werkzeuge, um die Erfolgschancen zu erhöhen, aber es ist wichtig, sich daran zu erinnern, dass die Lotterie ein Glücksspiel ist.

Genieße den Prozess, öffne dich für Möglichkeiten

und vertraue den kosmischen Kräften, die deine Reise antreiben.

Indem Sie Optimismus und Realität in Einklang bringen, können Sie unabhängig vom Ergebnis ein lohnendes und lohnendes Lotterieerlebnis schaffen.

Denken Sie daran, dass das wahre Maß des Überflusses nicht nur der Lottogewinn ist, sondern auch das Wachstum, die Dankbarkeit und die Freude, die Sie auf Ihrem Weg kultivieren.

Wie oben erwähnt, lassen Sie Ihre Lotteriereise wie folgt mit Positivität, Weisheit und Leistung gefüllt sein.

Tauchen Sie ein in die faszinierende Welt der astrologischen Lotterievorhersagen:

Die Astrologie fügt der Lotterie eine aufregende und reichhaltige Dimension hinzu.

Indem du die Auswirkungen des Himmels verstehst und deine Handlungen auf die kosmische Energie ausrichtest, kannst du deine Erfolgschancen maximieren.

Es ist jedoch wichtig, die Teilnahme an der Lotterie verantwortungsvoll zu behandeln.

Verantwortungsvolles Spielen und persönliches Finanzmanagement sollten immer an erster Stelle stehen. Die Teilnahme an der Lotterie muss innerhalb ihrer möglichen Grenzen liegen und darf keine finanziellen Schwierigkeiten verursachen.

Die Astrologie kann zwar Informationen und Ratschläge geben, aber keine konkreten Ergebnisse garantieren.

Was auch immer das Ergebnis sein mag, es ist wichtig, eine ausgewogene Perspektive zu bewahren, die Erwartungen zu managen und die Reise zu genießen.

Wenn Sie sich auf ein astrologisches Lotterieabenteuer einlassen, denken Sie daran, dass die Schönheit der Astrologie in ihrer Flexibilität und persönlichen Interpretation liegt.
Jeder Mensch hat ein einzigartiges Geburtshoroskop und eine kosmische Prägung, die unendliche Möglichkeiten zur Erkundung eröffnet.

Vertrauen Sie Ihrem Instinkt, probieren Sie verschiedene Techniken aus und passen Sie sie an Ihre Vorlieben und Ihre Umgebung an.
Ihre Erfahrung und Ihr persönliches Wissen werden Ihr Verständnis der Astrologie und ihrer Anwendung auf die Lotterie vertiefen.

Das Wichtigste ist, den Prozess zu einer Quelle der Freude, der Bewunderung und des persönlichen Wachstums zu machen.
Die Teilnahme an Astrologie im Rahmen der Lotterie ermöglicht es Ihnen, sich mit kosmischen Kräften zu verbinden, Ihr Bewusstsein zu erweitern und die Geheimnisse des Universums zu erforschen.

Es ist eine Gelegenheit, die Wechselwirkung zwischen Himmelskörpern und der irdischen Welt zu erforschen, in der die Grenzen zwischen dem Alltäglichen und dem Magischen verschwimmen.

Entdecken Sie Ihre astrologische Lotteriereise:

In diesem Buch beginnen wir unsere faszinierende Erforschung der Astrologie und ihrer Anwendung in prädiktiven Lotterien.

Wir tauchen ein in die komplexen Verbindungen zwischen dem himmlischen Reich und dem irdischen

Reich und entdecken die Kraft astrologischer Zeichen, Häuser, planetarischer Muster, Zeittechnologie, Mondphasen, aufsteigender Zeichen und mehr.
Zum Abschluss dieser aufschlussreichen Reise ermutige ich die Leser, ihr Verständnis der Astrologie im Zusammenhang mit der Lotterie weiter zu erforschen und zu erweitern.

Die Astrologie ist ein weites und sich entwickelndes Feld voller unendlicher Möglichkeiten zur Erforschung und Interpretation.
Obwohl wir eine breite Palette von Themen abgedeckt und praktische Ratschläge und Strategien gegeben haben, ist es wichtig, sich daran zu erinnern, dass es immer mehr zu lernen und zu entdecken gibt.
Jeder Mensch hat ein einzigartiges astrologisches Horoskop und eine kosmische Ebene, die die Tür zu unendlicher Wahrnehmung und Verbindung öffnet.
Nutzen Sie die Gelegenheit, tiefer in Ihr Geburtshoroskop einzutauchen, planetarische Einflüsse zu studieren und Muster zu beobachten, die sich aus Ihrer Lotterieerfahrung ergeben.

Wenn Sie Ihre astrologische Lotteriereise fortsetzen, bleiben Sie aufgeschlossen und neugierig.
Erforschen Sie verschiedene Techniken, probieren Sie verschiedene Strategien aus und passen Sie sie an Ihre individuellen Bedürfnisse und Vorlieben an.
Vertrauen Sie Ihrem Instinkt und entwickeln Sie Ihren eigenen personalisierten Ansatz, um die Astrologie zur Vorhersage der Lotterie zu verwenden.

Lass dein Verständnis der Astrologie wachsen und sich mit jeder neuen Erfahrung entwickeln, während du tiefere Weisheit und Bedeutung entdeckst.

Es ist jedoch entscheidend, eine ausgewogene Perspektive zu bewahren, wenn Sie sich auf diese Reise begeben.

Während die Astrologie der Lotterie eine faszinierende Dimension verleiht, ist es wichtig, sich daran zu erinnern, dass ein Lottogewinn letztendlich eine Frage des Zufalls ist.

Die Astrologie kann Informationen und Ratschläge geben, aber sie garantiert keine konkreten Ergebnisse. Verantwortungsvolles Spielen und persönliches Finanzmanagement sollten immer an erster Stelle stehen.

Setzen Sie realistische Erwartungen, verwalten Sie Budgets und behandeln Sie die Lotterie mit Spaß und Neugier, ohne sich nur auf die Ergebnisse zu konzentrieren.

Denken Sie schließlich daran, dass es bei der Astrologie nicht nur darum geht, Lotterieergebnisse vorherzusagen. Es ist ein kraftvolles Werkzeug für die Selbstfindung, das persönliche Wachstum und das Verständnis der kosmischen Kräfte, die im Leben am Werk sind.

Nutze die Astrologie, um deine Verbindung zum Universum zu vertiefen, seine Stärken und Herausforderungen besser zu verstehen und mit größerem Bewusstsein durch die Ebbe und Flut des Lebens zu navigieren.

Wenn Sie also das Buch zu Ende gelesen haben und sich auf Ihre astrologische Lotteriereise begeben, nutzen Sie die Möglichkeiten, die die Astrologie bietet. Erforsche, erlebe und vertraue der Weisheit der himmlischen Energie.

Lassen Sie die Astrologie Ihre Lotterieerfahrung bereichern und gewinnen Sie ein tieferes Verständnis für die Zusammenhänge des Universums.

Möge Ihre Reise voller Staunen, Selbstfindung und einer tiefen Verbindung mit dem kosmischen Tanz der Sterne sein.
Wie oben erwähnt, mögen Sie wie folgt Harmonie und Befriedigung in der astrologischen Lotterie finden.

Nehmen Sie die Astrologie an, wenn Sie verantwortungsbewusst an der Lotterie teilnehmen:

Zum Abschluss dieser faszinierenden Reise der Astrologie und ihrer Anwendung auf die Lotterievorhersage ist es wichtig, die Bedeutung des verantwortungsvollen Spielens und des persönlichen Finanzmanagements zu betonen.
Während die Astrologie zweifellos eine aufregende Dimension zur Teilnahme an der Lotterie hinzufügt, sollte sie immer verantwortungsbewusst und finanziell verwaltet werden.

Die Astrologie bietet wertvolle Informationen und Werkzeuge, um Ihr Lotterieerlebnis zu verbessern, Ihre Erfolgschancen zu erhöhen und Ihre Verbindung zur kosmischen Energie zu vertiefen.
Es bietet eine faszinierende Linse, durch die wir die Wechselwirkung zwischen den Himmelskräften und unserer irdischen Existenz verstehen können. Aber
Es ist wichtig, sich daran zu erinnern, dass die Astrologie keine Garantie für bestimmte Ergebnisse bietet.
Die Teilnahme an der Lotterie ist im Wesentlichen ein Glücksspiel und ein Gewinn ist nie unvermeidlich.

Verantwortungsvolles Spielen sollte immer Priorität haben.
Legen Sie ein Budget für Ihre Teilnahme an der Lotterie

fest und halten Sie sich daran.

Geben Sie nicht mehr aus, als Sie sich leisten können, zu verlieren.

Die Lotterie soll Spaß machen, und obwohl das Gewinnen zweifellos aufregend ist, sollte es niemals auf Kosten Ihrer finanziellen Stabilität und Ihres Wohlbefindens gehen.

Ebenso wichtig ist die Verwaltung der persönlichen Finanzen.

Verlassen Sie sich nicht nur auf die Lotterie als Mittel zur finanziellen Rettung oder zum unmittelbaren Reichtum.

Es ist wichtig, Ihre Finanzstrategie zu diversifizieren, andere Wege der Vermögensbildung zu erkunden und einen langfristigen Ansatz zur Stärkung Ihrer finanziellen Sicherheit zu verfolgen.

Verwenden Sie Astrologie als ergänzendes Werkzeug sowie verantwortungsvolle Finanzplanung, Investitionen und andere Formen der Einkommensgenerierung.

Denken Sie daran, dass Astrologie kein Ersatz für gesunden Menschenverstand, Disziplin und harte Arbeit ist.

Es sollte als unterstützender Leitfaden angesehen werden, der Ideen und Empfehlungen enthält, aber die endgültige Entscheidung und das Handeln liegt bei Ihnen.

Nutzen Sie die Astrologie als Inspiration, Ratschlag und Selbstreflexion.

Dies kann dir helfen, deine Absichten mit kosmischer Energie in Einklang zu bringen und fundierte Entscheidungen zu treffen, aber es kann persönliches Handeln und Verantwortung nicht ersetzen.

Gehen Sie die Lotterie mit einer ausgewogenen Denkweise an. Genießen Sie den Nervenkitzel der Teilnahme, die Möglichkeiten, die sie bietet, und die Erfahrungen, die auf dem Weg dorthin stattfinden.

Feiern Sie jeden noch so kleinen Sieg und genießen Sie die Momente der Freude und Aufregung, die sich ergeben.

Denken Sie daran, dass der Wert des Lotterieerlebnisses über die Ergebnisse selbst hinausgeht.

Es ist eine Gelegenheit für persönliches Wachstum, Selbstfindung und den Aufbau von Resilienz.

Während die Astrologie der Lotterieteilnahme eine aufregende Dimension verleiht, sollten verantwortungsbewusstes Spielen und der Umgang mit persönlichen Finanzen immer Priorität haben.

Nutzen Sie die Astrologie als Werkzeug, um Ihr Lotterieerlebnis zu verbessern, Ihre Verbindung mit kosmischen Kräften zu vertiefen und Ihre einzigartige Reise besser zu verstehen.

Kombinieren Sie dies mit verantwortungsbewusster Entscheidungsfindung, strenger Budgetierung und langfristiger Finanzplanung, um einen ausgewogenen und zufriedenstellenden Ansatz für die Lotterie zu gewährleisten.

Wie oben erwähnt, lassen Sie Ihre Lotterieaktivitäten wie folgt mit Weisheit, Verantwortung und einer tiefen Verbindung zu den kosmischen Energien gefüllt sein, die unser Leben formen.

Nutze die Astrologie als Leitstern, aber denke immer daran, dass du die Macht hast, das Schicksal zu erschaffen.

Schlussfolgerung

Lassen Sie Ihrer Fantasie freien Lauf, vertrauen Sie der Ausrichtung des Universums und begeben Sie sich auf eine aufregende Reise mit der astrologischen Vorhersagelotterie.

Egal, ob Sie den Jackpot gewinnen oder nicht, die Erkundung selbst wird eine lohnende und lohnende Erfahrung sein.

Denken Sie daran, dass die Sterne eine Geschichte zu erzählen haben, und die Astrologie bietet einen Fahrplan, um Ihre Botschaft zu entschlüsseln.

Nehmt die Möglichkeiten an, öffnet euer Herz für die Weisheit des Universums und lasst euch vom kosmischen Tanz leiten.

Viel Glück und möge die Sternentstehung zu Ihren Gunsten sein!